Manuel Mertes
Rüben, Russen, Rock'n'Roll

1945 – Der Flüchtlingstreck bewegt sich immerfort gen Westen, nur fort von den folgenden Russen. Es ist ein denkbar ungünstiger Zeitpunkt, doch Leben lässt sich nicht aufhalten. Gleich doppelt drängt es ans Licht der Welt. Die Zwillinge Manuel und Michael überraschen ihre Mutter Meta, die meinte, nur ein Kind zu erwarten, inmitten der Wirren des Krieges. Bittere Jahre beginnen nun auch für die beiden Kleinen. Flüchtlingskinder haben es nicht leicht. Doch Zwillinge halten zusammen, sie ergeben sich nicht dem Jammer der Zeit, sie sind immer füreinander da.
Allmählich wird alles besser, und sie erleben das, was heranwachsende Kinder seit Generationen erleben – im Doppelpack.
Lesen Sie diesen bewegenden Zwillings-Roman, der als Zeitzeugenbericht in Kriegs- und Nachkriegsjahre entführt. Erfahren Sie, wie Zwillinge fühlen, in guten und in schlechten Zeiten.

Manuel Mertes

Rüben, Russen, Rock´n´Roll

Ein Zwillingsroman

1. Auflage 2009

DeBehr, Radeberg

Umschlag: Daniela Behr, Ute Kludig-Hempel
unter Verwendung eines Autorenfotos

ISBN: 978-3-941758-02-5

Inhalt

ERSTES KAPITEL

Geboren und gerettet

Der kleine Ort Rerik zwischen Ostsee und Salzhaff liegt in völliger Dunkelheit. Die Häuser umgibt eine unheimliche Stille, schwarze Wolken ziehen in dichter Folge über den Nachthimmel. Nur für jeweils wenige Augenblicke sind im fahlen Mondlicht die Umrisse der Häuser, Bäume und Zäune zu erkennen. In einigen hundert Metern Entfernung rauschen die Wellen des Salzhaffs. Ein schwacher Wind trägt milde, frische Seeluft herüber.

Die von wochenlanger Flucht vor den heranrückenden russischen Truppen erschöpfte Meta, Mitte dreißig, ist leichenblass. Ihre Wehen haben eingesetzt. Sie wird von einer jungen Frau gestützt. Es ist ihre jüngere Schwester Erna. Die Frauen schleichen im Schutze der Dunkelheit auf einem holprigen Weg an Büschen, Zäunen und Häusern entlang zu einem größeren Gebäude in der Ortsmitte, an dem beim Näherkommen ein schwach erleuchtetes Fenster zu sehen ist. Dort, so haben Frauen aus dem Treck erzählt, wohne weit und breit die einzige Hebamme.

Die beiden Frauen gehen geduckt, denn die Stille wird hin und wieder von dem Stakkato eines Maschinengewehres sowie von Granateinschlägen unterbrochen. Es ist die Nacht vom 10. auf den 11. Mai 1945. Am östlichen Ortsrand kämpft eine versprengte SS-Einheit noch verbissen gegen eine Übermacht Rotarmisten. Die SS-Männer haben nichts mehr zu verlieren, und sie ahnen wohl auch, dass keiner von ihnen den nächsten Tag lebend überstehen wird.

Im Haus der Hebamme herrscht drangvolle Enge. Im Schein einiger Kerzen erkennt Meta, dass bereits vier weitere Frauen anwesend sind, die mit ihren Neugeborenen in Betten und auf Matratzen am Boden liegen. Die Frauen halten ihre in Decken gehüllten Säuglinge an sich gedrückt. Sie sprechen in gedämpfter Tonlage miteinander. Hin und wieder ist klägliches Geschrei der kleinen Würmer zu hören.

Die Hebamme sieht übermüdet aus. Sie spricht leise und arbeitet mit schnellen, entschlossenen Bewegungen. Ihr weißer Kittel weist schon deutliche Spuren von zahlreichen Entbindungen auf. Unter ihrem Kopftuch quellen graue Haare hervor. Sie ist nicht mehr jung, aber die Not der schwangeren und der niedergekommenen Frauen mit ihren Säuglingen verleiht ihr ungeahnte Kräfte.

Meta bekommt im Wohnzimmer ein Sofa zugewiesen, das mit wenigen Handgriffen mittels eines weißen Lakens und zweier Wolldecken in ein Bett verwandelt wird. Obwohl die Wehen jetzt in immer kürzeren Abständen kommen, genießt Meta die wohlige Wärme des Raumes und der Wolldecken. Es muss jetzt etwa ein Uhr nachts sein. Ihre Gedanken gehen zurück zum Treck, denn dort harren in einem Pferdewagen auf einer Waldlichtung an der Küste, die zum Ostseestrand steil abfällt, ihre Kinder Ilse und Axel aus. Wie geht es ihnen wohl? Ilse ist sechs, Axel erst drei Jahre alt.

Glücklicherweise hat sich Erna auf den Rückweg dorthin gemacht. Meta hat Angst um sie. Wird Erna den Weg in der Dunkelheit finden? Hoffentlich sind die russischen Soldaten noch nicht in den Ort vorgedrungen!

In der Zimmerecke singt ein Kessel mit heißem Wasser auf dem Kachelofen. Die Hebamme hat sich jetzt Meta zugewandt und sitzt auf einem Stuhl neben dem Sofa. Sie hält Metas rechte Hand und spricht ihr mit ruhiger Stimme Mut zu. Und dann geht auf einmal alles ganz schnell. Nach anhaltenden Presswehen gebiert Meta einen zierlichen, aber gesunden Jungen. Noch während die Hebamme den Jungen abnabelt wird ihr klar, dass das noch nicht alles war.

„Meta", sagt sie leise, „erschrick nicht, du bekommst Zwillinge."

Nach einigen Minuten Ruhe setzen bei Meta erneut Presswehen ein und bald ist ein zweiter Junge da. Jeder wiegt nur etwas über vier Pfund. Die Hebamme hat in jedem Arm so ein Leichtgewicht und kann sich gar nicht sattsehen.

„Meta, das sind eineiige Zwillinge, da brauchst du später immer nur einen zum Anpassen mitnehmen."

Dann laufen ihr Tränen über das Gesicht. Zwillinge! Wie sollen die in dieser Zeit nur durchkommen?

Meta schließt die Augen und fällt entkräftet in einen tiefen Schlaf. Die Hebamme wäscht die Zwillinge in einer weißen Emailleschüssel mit warmem Wasser und wickelt sie nacheinander in kleine Lakenstücke. Nun sehen die Zwillinge aus wie zwei kleine *Kommissbrote*. Die Hebamme legt die Jungen rechts und links neben Meta unter die Wolldecken und schaut noch eine Weile schweigend auf das friedliche Bild. Dann begibt sie sich leise in das Nebenzimmer und legt sich, so wie sie ist, auf eine Matratze zum Schlafen nieder.

Als es hell wird, beginnt rege Betriebsamkeit in den Räumen. Die Säuglinge fangen an zu weinen und wollen versorgt werden. Die Mütter sprechen sich gegenseitig Mut zu und bereiten das Wenige, das sie haben, gemeinsam am eisernen Küchenherd zu. Die Hebamme kümmert sich derweil mit sorgenvoller Miene um die Säuglinge. Sie wickelt die jammernden Kleinen in neue Lakenstücke, säubert die gebrauchten Windeln und gibt diese in einen Waschtopf mit dampfendem Wasser.

„Meta, wie sollen denn die Zwillinge heißen? Bevor du weiterziehst, muss die Geburt doch noch bei unserem Standesamt beurkundet werden."

Die Hebamme hat sich auf Metas Bett gesetzt und wiegt die Kommissbrote in ihren Armen.

„Also, der erste auf jeden Fall Manuel - aber der zweite?" Meta sinkt in nachdenkliches Schweigen. Sie hatte ja nur mit einem gerechnet und „Manuel" war klar, denn das war mit Klaus, ihrem Mann, bei seinem letzten Fronturlaub abgesprochen.

Bei dem Namen Manuel blickte die Hebamme erstaunt auf. In den letzten Jahren und Monaten waren Namen wie Hermann, Konrad, Georg und natürlich auch Adolf üblich, aber Manuel? Nun erzählt Meta, dass Klaus, von dem sie nicht wusste, wo er war, wie es ihm ging und ob er überhaupt noch lebte, als junger Mann in den dreißiger Jahren zur Luftwaffe gegangen und dann als Flugzeugführer einige Monate in Spanien stationiert gewesen war. Dort hatte er sich mit einem jungen Spanier angefreundet, der Manuel hieß.

Was Meta nicht ausspricht, ist ihre stille Sorge, dass Klaus möglicherweise der so genannten *Blauen Division* angehörte, die 1937 die Stadt Guernica im Baskenland zerstörte. Klaus selbst hat nie darüber gesprochen. Er liebte das Land und die Menschen über alles.

„Nun gut", Meta wirkt entschlossen und erleichtert, „dann heißt der andere eben Michael. Manuel und Michael sind doch schöne Namen."

Auch die Hebamme ist zufrieden. Sie lässt sich von Meta das aus dem brennenden Elternhaus in Königsberg gerettete Familienstammbuch aushändigen, schlüpft in einen Mantel und macht sich auf den Weg, die Zwillinge anzumelden. Die Straßen des Ortes sind fast menschenleer, nur wenige Gestalten eilen schnellen Schrittes um Straßenecken. In der Ferne hört man noch immer einzelne Gewehrschüsse.

Das Rathaus liegt nur wenige Gehminuten entfernt an der Hauptstraße. Als die Hebamme eintritt, schlägt ihr vielstimmiges Gemurmel und leises Kinderweinen entgegen. Eine große Anzahl von Flüchtlingen mit Kindern und Gepäck hat hier in der Nacht Schutz gesucht und packen jetzt zusammen, um mit Pferdegespannen, Handkarren und Kinderwagen weiter nach Westen zu ziehen. Die Frauen und Kinder, die alten und die jungen Männer erwartet überall ein anderes Schicksal. Sie schauen mit leeren Augen auf die Hebamme. Die Gesichter der Kinder sind schmal und blass, mit großen, angstvollen Augen.

Der Raum des Standesbeamten ist mit dunklem Holz ausgekleidet, und es riecht nach Linoleum. Der Standesbeamte ist ein kriegsversehrter und daher wehrdienstuntauglicher Beamter mittleren Alters. Er ist sehr nervös und hat große Angst vor den Russen, die ja fast stündlich den Ort erreichen könnten. Die Geburtsurkunden schreibt er mit Federhalter und Tinte in altdeutscher Schrift. So fahrig wie er ist, versieht er nur die Geburtsurkunde von Manuel mit dem Amtsstempel. Eigentlich ist Michael nun gar nicht geboren! Die Hebamme bemerkt den Fehler nicht und macht sich mit den Geburtsurkunden schleunigst auf den Heimweg.

Von Weitem sieht sie vor ihrem Haus eine Gruppe Menschen stehen. Es sind einige schwangere Frauen und Mütter mit Säuglingen auf den Armen und Kleinkindern an den Händen. Ihr Treck rastet ebenfalls in einem Waldstück vor der Ortschaft. Die Hebamme sagt den Wartenden, dass alle Räume belegt sind und bittet um Geduld, bis die in der letzten Nacht notdürftig versorgten Mütter ihre Sachen gepackt haben und zu den Flüchtlingstrecks zurückkehren können.

Auch Meta muss das Haus verlassen. Sie ist sehr froh, dass Erna im Laufe des Vormittags wieder eingetroffen ist, um ihr zu helfen. So geschwächt, wie sie ist, hätte sie es niemals geschafft, die zwei in Decken gehüllten Kommissbrote den langen Weg zurück zum Treck zu tragen. Als sich Meta und Erna auf den Weg machen, fällt ihnen auf, dass das Schießen aufgehört hat. Sie fragen sich, ob die ungewohnte Ruhe nun beruhigend ist - oder bedrohlich. Wird es dem kleinen Treck gelingen, um das Salzhaff herum noch weiter nach Westen zu gelangen?

Auf der Waldlichtung warten die anderen schon ungeduldig auf Meta und Erna. Die neugeborenen Zwillinge werden mit traurigen Gesichtern empfangen. Einige Frauen weinen still in sich hinein, da sie sich gewiss sind, dass die Zwillinge keine Überlebenschance haben. Aber niemand spricht es aus. Die älteren Männer versuchen, nicht hinzusehen und beschäftigen sich mit dem Einspannen der Pferde und dem Festzurren der Gepäckstücke auf Wagen und Karren. Der Flüchtlingstreck besteht aus fünf Pferdegespannen und drei Handwagen. Sechs Männer, elf Frauen und dreizehn Kinder, Jungen und Mädchen im Alter zwischen drei und vierzehn Jahren, haben hunderte Kilometer bei Schneesturm, Kälte und Regen, Tag und Nacht in Angst und Schrecken zurückgelegt. Viele sind buchstäblich am Ende ihrer Kräfte. Aber sie brechen wieder auf.

Eine kurvenreiche schmale Landstraße führt am Salzhaff

vorbei in Richtung Buckow. Als der Abend dämmert, erreicht der Treck die Abzweigung zu einem auf einem sanft ansteigenden Hügel liegenden Gutshof, der aus einem Herrenhaus und mehreren Nebengebäuden besteht. Nach kurzer Beratung wird beschlossen, dort die Nacht zu verbringen, sei es in einem Stall, einer Scheune oder unter einer Schutz bietenden Remise auf den Pferdewagen.

Die Gebäude des Gutshofes sind mit Flüchtlingen überfüllt. Vor, neben und hinter den Gebäuden stehen etwa dreißig Fuhrwerke und ebenso viele Karren. Das Herrenhaus ist bis in den letzten Winkel belegt. Überall kauern müde und apathisch wirkende Gestalten auf Decken oder auch auf dem blanken Fußboden. Nur im Haus des Gutsverwalters herrscht nicht ganz so drangvolle Enge. Dort kommen die Menschen des gerade eingetroffenen Trecks unter. Meta mit den Kindern und Erna erhalten einen Platz in dem Büroraum des Verwalters, in dem sich schon wenigstens zehn Frauen mit ihren Kindern befinden. Langsam verstummt das Reden der Erwachsenen und das Weinen und Schreien der Säuglinge und Kinder. Es geht auf elf Uhr zu.

Plötzlich ist draußen Motorenlärm zu hören und das Rasseln von Kettenfahrzeugen. Russische Stimmen erteilen Befehle, die mit grölendem Lachen beantwortet werden. Ladeklappen von Lastwagen knallen nach unten und die Flüchtlinge hören angsterfüllt dutzende Soldaten herausspringen und auf die Gebäude des Gutshofes zustürmen. Die Angst verschließt den Frauen den Mund. Die Panik ist in den Augen zu lesen und an dem zunehmenden Stöhnen und Weinen zu hören. Als würden sie dadurch geschützt rücken die Frauen und Kinder in den Fluren und Räumen noch enger zusammen.

Und die russischen Soldaten sehen tatsächlich beängstigend aus. Ihre Uniformen sind von wochenlangen Kämpfen verschmutzt. Die ungewaschenen, unrasierten Gesichter sind von schrecklichen Erlebnissen gezeichnet. Seit der deutschen Kapitulation vor vier Tagen haben sie gefeiert und Wodka in Mengen getrunken. Nun wollen sie die von den Politoffizieren versprochenen Frauen.

In Gruppen zu viert oder fünft durchkämmen die Soldaten jedes Haus, jeden Stall und jede Scheune. Das Schreien und Weinen der gequälten Frauen und Mädchen werden die Überlebenden nie vergessen werden.

Nun ist auch der Raum von Meta und Erna dran. Zusammengedrängt stehen die jungen Frauen und Mütter, die Kinder hinter sich verbergend, in einer Ecke, als die Tür aufgerissen wird und eine Handvoll Rotarmisten hereinkommt. Nacheinander ziehen sie flehende und sich wehrende Frauen, darunter auch Erna, aus dem Zimmer, wobei sie die sich an ihre Mütter klammernden Kinder brutal zurückstoßen.

Der letzte Soldat nähert sich jetzt Meta, die, in eine graue Decke gehüllt, offensichtlich etwas in ihrem Armen verborgen hält. Als er ihr die Decke entreißt, blickt er sichtlich erschrocken auf eine zitternde Frau, die an jede Wange ihres Gesichtes den klitzekleinen Kopf eines Säuglings gedrückt hält, so dass die Tränen aus ihren hohlen Augen über die Gesichtchen der Säuglinge laufen.

Einige Sekunden steht der Soldat wie versteinert da, dann legt er Meta wieder die Decke um und sagt in gebrochenem Deutsch: „Arme Frau, Kinder sterben."

Der Soldat verlässt den Raum und verjagt dabei einen anderen, der gerade eintreten will. Meta sinkt erschöpft zu Boden und begräbt die kleinen Körper der Zwillinge unter sich. Ilse und Axel klammern sich aneinander und sind vor Schreck wie gelähmt.

Meta ist verzweifelt. Ihre Brüste geben kaum Muttermilch. Andere Milch ist seit Tagen nicht mehr aufzutreiben.

„Oh, Gott“, sagt Meta immer wieder leise vor sich hin, „ich will die Zwillinge behalten, sie dürfen nicht sterben.“

Mit ihren vier Kindern in den Armen liegt Meta lange Zeit unbeweglich am Boden.

Als sich unvermittelt die Tür öffnet, fährt Meta aus ihrem Dämmerzustand auf. Doch es ist wieder der Soldat, der sie zuvor verschont hatte. Er hat ein Lächeln auf dem Gesicht und hält in der Hand einen kleinen Topf mit warmer Milch.

„Frau nimm, Krieg vorbei, alle weiterleben!“, sagt er und streichelt über die kleinen Köpfchen der Zwillinge.

Sein Gesicht strahlt geradezu, als er sich abwendet und zur Tür hinausgeht. Meta reißt aus dem Lakenstück, in das die Zwillinge gewickelt sind, ein Fetzchen heraus und faltet es so, dass ein Zipfel entsteht. Diesen taucht sie immer wieder in die warme Milch und lässt die beiden abwechselnd daran saugen, bis sie gesättigt einschlafen.

Auch Ilse und Axel hat die Müdigkeit übermannt. Dicht an Meta gedrückt schlafen sie tief und fest. Meta horcht angestrengt nach draußen. Langsam verebbt das Getrampel der Stiefel, das Gelächter und Rufen der russischen Soldaten. Von den geschändeten Frauen, den verängstigten Kindern und alten Männern ist sowieso kein Mucks zu hören. Jetzt springen schwere Motoren an und ihr Lärm, begleitet vom Rasseln der Fahrzeugketten, entfernt sich langsam. Für einige Minuten herrscht eine gespenstische Stille. Dann huschen leise Gestalten von einem Raum zum anderen, weinende Frauen trösten einander mit gedämpfter Stimme und wimmernde Kinder werden beruhigt. Es sind nur noch wenige Stunden bis zum Hellwerden.

Meta liegt bis zum Morgengrauen wach. Sie macht sich große Sorgen um Erna, die nicht wieder zurückgekommen ist.
In die Menschengruppen in den Räumen und Gebäuden kommt jetzt Bewegung. Einige packen ihre Sachen zusammen, verstauen diese auf den Fuhrwerken und Karren. Sie wollen einfach nur weg, denn die russische Einheit muss irgendwo in der Nähe liegen und die Soldaten könnten jederzeit wiederkommen. Aber viele Frauen sind durch die Vergewaltigungen und Misshandlungen verletzt oder traumatisiert. Sie haben nicht mehr die Kraft zum sofortigen Aufbruch. Zu ihnen gehört auch Erna, die sich in der Scheune verborgen gehalten hat. Meta hat sie dort gefunden und sich mit den Kindern bei ihr niedergelassen.

Es ist gegen Mittag, als plötzlich zum Entsetzen der Flüchtlinge ein russischer Militärwagen auf den Gutshof fährt und zwei Soldaten aussteigen. Der jüngere der beiden Soldaten hat einen Karton unter dem Arm. Sie nehmen von den verängstigten Flüchtlingen keine Notiz und gehen zielstrebig in das Haus des Gutsverwalters. Nach einigen Minuten kommen sie wieder heraus, gehen um das Gebäude herum zu den Fuhrwerken, auf denen schon einige Flüchtlinge sitzen.

„Wo ist Zwillingsfrau?“
Zögernd zeigt jemand auf die Scheune.

Als das Scheunentor aufgeht, traut Meta ihren Augen nicht: Der gute russische Soldat von letzter Nacht kommt herein und stellt den Karton vor Meta hin. Er zeigt lachend auf die Zwillinge und spricht angeregt mit seinem älteren Kameraden. Gestenreich erklärt der junge Soldat Meta, dass der Ältere sein Vorgesetzter ist, der unbedingt wissen will, für wen er die Lebensmittel zusammensuchte, die im Karton sind. Da sind zwei Brote, mehrere Konserven sowie zwei Pakete Trockenmilch. Der junge Soldat streichelt noch einmal die kleinen Köpfe der Zwillinge, dann verabschieden sich die beiden lächelnd mit einer leichten Verbeugung.

Meta weiß, es wird ein Geheimnis bleiben, wer dieser junge Soldat war, der sich so sehr von den anderen unterschied. Jedenfalls war dieser Akt der Menschlichkeit die größte Erfahrung, die Meta zeitlebens machen sollte.

*

ZWEITES KAPITEL
Im Lager

Die Flüchtlinge aus Metas Treck kommen überein, erst am nächsten Tag aufzubrechen. Erna muss wie viele andere Frauen und Mädchen nach den schrecklichen Erlebnissen der letzten Nacht nun wieder Kraft und Lebensmut sammeln. Aber länger warten dürfen sie nicht, denn es heißt, dass ab morgen, dem 15. Mai, eine Waffenstillstandslinie für die russischen Truppen gilt, die im Norden von Wismar an der Ostsee in Richtung Süden entlang der Linie Schwerin, Ludwigslust, Wittenberg und Magdeburg verläuft.
Und sie alle wollen unbedingt hinter diese Linie, in den von den Amerikanern und Briten besetzten Teil Deutschlands.

Als der Treck am nächsten Morgen, von der Gutshofauffahrt kommend, die Landstraße erreicht, herrscht dort reger Verkehr in Richtung Wismar, also nach Westen. Hunderte, ja tausende Flüchtlinge sind mit Planwagen, hoch bepackten Handkarren und Kinderwagen unterwegs. Meta mit den Zwillingen auf dem Schoß, Erna sowie Ilse und Axel sitzen mit anderen Familien zusammengedrängt auf einem Pferdewagen, während die Männer rechts und links des Wagens zu Fuß gehen. Ein schier endloser Zug von Wagen- und Menschenkolonnen zieht sich durch die erblühende Mailandschaft.

Nach zwei Tagen erreicht der Treck Wismar. Dank der Hilfe des jungen russischen Soldaten hat Meta die Zwillinge bislang durchbringen können. Sie sind zwar sehr blass, fast weiß, aber mit ihren Stimmchen geben sie deutliche Lebenszeichen.

In Wismar besteigt die Flüchtlingsgruppe einen restlos überfüllten Güterzug, der mit mehreren Zwischenhalten nach zwanzigstündiger Fahrt in Langenhagen bei Hannover ankommt. Dort werden Meta, Erna und die Kinder von englischen Soldaten mit Lastwagen in das nahe gelegene Auffanglager *Wulfelade* gebracht.

Im Spätsommer beginnen die alliierten Besatzungsmächte die Flüchtlingsströme zu kanalisieren und auf ganz Deutschland zu verteilen.

Meta mit den Kindern, Erna und viele weitere Flüchtlingsfamilien aus Ostpreußen werden per Eisenbahn und Lastwagen in verschiedene Barackenlager in Schleswig-Holstein verfrachtet. Meta und Erna kommen nach Neumünster in ein Lager, dass an der Ehndorfer Straße Nummer 120 liegt. Es ist ein relativ kleines Lager, das aus sechs Baracken mit jeweils vier Wohnungen besteht, die in Form eines offenen Rechtecks aufgestellt sind. In der Mitte des Lagerhofes steht eine kleine Toilettenbaracke mit sechs offenen Plumpsklos, die Frauen und Kinder aus Sicherheitsgründen Tag und Nacht nur in Begleitung aufsuchen können. Die Wohnungen bestehen aus einer Wohnküche und einem Schlafzimmer. In der Wohnküche gibt es einen Wasserhahn und einen eisernen Herd, der gleichzeitig die einzige Wärmequelle darstellt. Die hölzernen Baracken bieten wenig Schutz in den sehr kalten Wintermonaten.

Das Lager *Ehndorfer Straße 120* grenzt unmittelbar an ein Wohngebiet mit Ein- und Zweifamilienhäusern, die vom Krieg verschont geblieben sind. Die Häuser umgeben herrliche Gärten, in denen alles geerntet wird, was zur Selbstversorgung nötig ist. In den Randgebieten der Stadt gibt es weitere Flüchtlingslager, zum Teil auch sehr große mit hunderten Wohneinheiten in Baracken und Nissenhütten.

Der Winter 1945/46 ist außergewöhnlich kalt und schneereich. Meta und Erna haben Tag und Nacht alle Hände voll zu tun, die Kinder warm zu halten und mit Nahrung sowie selbst genähter Kleidung zu versorgen. Brennmaterial ist äußerst knapp und so wärmt der eiserne Herd nur wenige Stunden am Tag.

Glücklicherweise ist der kommende Sommer warm und trocken. Die Zwillinge entwickeln sich trotz des wenig nahrhaften Essens zufriedenstellend und schauen mit großen blauen Augen erwartungsvoll in die Welt. Sie sind keine Quälgeister, sondern lachen viel und spielen fröhlich mit ihren Geschwistern. Aus Krabbeln wird bald ein Umhertapsen und im Spätsommer laufen die Zwillinge schon so behende wie junge Gämsen. Oft stoßen sie mit den Köpfen an Tischkanten oder Schrankecken und bekommen kleine „Hörner".

Wie alle anderen Flüchtlingsfamilien auch, sammeln Meta und Erna während des ganzen Sommers Holz für den Winter. Im gesamten Stadtwald liegt kein einziger vertrockneter Ast mehr auf dem Boden, denn von der Stadtverwaltung gibt es je Familie nur zwei Zentner Torf und einen Zentner Briketts.

In immer mehr Lagerfamilien herrscht schon Freude und Erleichterung, weil Männer, Väter oder Brüder aus der Gefangenschaft entlassen worden sind und ihre Familien wiedergefunden haben. Dort bereitet man sich mit vereinten Kräften auf den bevorstehenden Winter vor. Meta und Erna schauen noch sorgenvoll in die Zukunft, sprechen sich aber gegenseitig immer wieder Mut zu.

Im Winter 1946/47 herrscht wieder klirrende Kälte. Die dicken Eisblumen an den Barackenfenstern tauen wochenlang nicht. Dazu fällt oft der Strom aus, und Meta, Erna und die Kinder rücken bei Kerzenschein eng zusammen. Auch die Kerzenflammen wärmen ein wenig.

Da sie weder Radio noch Zeitung haben, fühlen sich Meta und Erna von der Außenwelt abgeschnitten. Nur aus Gesprächen erfahren sie zum Beispiel von den Nürnberger Prozessen gegen die Hauptkriegsverbrecher und dass schon vor einem Jahr die Vereinten Nationen gegründet wurden. Wolfgang Borcherts Theaterstück *Draußen vor der Tür*, welches gerade uraufgeführt wird, entspricht in vielerlei Hinsicht ihrer Situation.

Weil Meta vier kleine Kinder durchbringen muss, erhält sie in diesem Winter zwei CARE-Pakete. Die Lebensmittel, besonders der Kaffee, sind eine große Bereicherung, denn was es für Lebensmittelkarten und Bezugsscheine gibt, ist zum Sterben zu viel, zum Leben aber zu wenig.

*

DRITTES KAPITEL
Heimkehr

Das Frühjahr naht und die Tage werden länger. Mit der Kälte sind auch der Schnee und das Eis gewichen und in einigen Vorgärten der Siedlungshäuser kommen die ersten Krokusse zum Vorschein. Die Flüchtlingsfamilien genießen erste warme Sonnenstrahlen auf den selbst gezimmerten Bänken vor den Baracken. Auch Meta ist froh, den Winter überstanden zu haben. Aber allzu oft sitzt sie in Gedanken versunken da.

Wo mochte Klaus nur sein? Hatte *er* die letzten Kriegsmonate überhaupt lebend überstanden? Jetzt war es schon Mitte April, und sie hatte noch nichts von ihm gehört.

Doch dann, eines Tages Ende April, fährt ein englischer Militärlastwagen auf den Barackenhof. Auf den Bänken unter der Plane sitzen Männer, die nicht wie Soldaten aussehen. Sie tragen abgewetzte Mäntel und verschlissene Uniformen ohne Abzeichen und führen ihre Habseligkeiten in Bündeln oder Rucksäcken mit sich. Nur ein Mann in einem überlangen Mantel und einem Rucksack in der Hand springt vom Wagen, kaum dass dieser zum Halten kommt.

Es ist Klaus.

Von allen Seiten laufen Frauen und Kinder zusammen, um zu sehen, was es mit dem Lastwagen auf sich hat. Auch Meta ist vor die Tür getreten. An ihren Schürzenzipfeln hängen zu beiden Seiten die Zwillinge. Ilse und Axel halten sich verunsichert im Hintergrund. Klaus rennt über den Hof und schließt Meta in seineArme. Die Wiedersehensfreude ist unbeschreiblich. Dann kniet er nieder und zieht die noch ängstlichen Zwillinge zu sich. Er kann es gar nicht fassen!

Klaus ahnt, was Meta in den vergangenen zwei Jahren durchgemacht hat. Er denkt zurück an das letzte Beisammensein im September 1944 im Hause seiner Schwiegereltern in Königsberg. Obwohl die Front schon bedrohlich an Ostpreußen herangerückt war, waren es noch einige schöne Tage mit Meta und den beiden Kindern, Ilse und Axel, gewesen. Der Abschied war herzzerreißend, wie für Millionen anderer Väter auch, die nicht wussten, ob sie ihre Familie noch einmal wiedersehen werden. Dabei hatten Meta und Klaus auch darüber gesprochen, dass, falls sich noch einmal Nachwuchs einstellen sollte, der Junge Manuel oder die Tochter Viola heißen sollte.

Fast zwei Tage schläft Klaus ununterbrochen. Danach haben sich Meta und Klaus unendlich viel zu erzählen. Meta berichtet von der Evakuierung aus Königsberg und dem entsetzlichen Feuersturm, den russische Bombenangriffe verursacht hatten. Erna war diesem Inferno nur knapp entronnen. Dann die Strapazen der wochenlangen Flucht an der Ostsee entlang bis Rerik. Als Meta die Umstände der Geburt der Zwillinge schildert und ihr glückliches Überleben in den folgenden Monaten, schüttelt Klaus immer wieder stumm den Kopf.

Er selbst erzählt nur zögernd und man merkt ihm an, dass er über viele Erlebnisse nicht sprechen kann oder aus Rücksicht nicht will. Er schildert aber, dass er nach seiner Rückkehr zu seiner Fliegereinheit, die auf dem Flughafen Berlin-Gatow stationiert war, sofort zur Heeresgruppe *Kesselring* in Italien abkommandiert wurde. Als Flugzeugführer einer JU 52 war Klaus auch ausgebildeter Fallschirmjäger. Er wurde deshalb zu dieser Einheit nach Italien beordert, die in erbitterten Kämpfen mit der Armee des amerikanischen Generals Clark stand. Die deutschen Linien wurden unter großen Verlusten immer weiter nach Norden gedrängt. Anfang Dezember eroberten die Amerikaner Ravenna, die erste große Stadt in der Ebene am Nordfuß der Apenninen. Die Stadt Bologna war noch in deutscher Hand, doch die Alliierten wollten mit aller Macht die Po-Ebene erreichen. An der Front, die nun von La Spezia am Ligurischen Meer bis in den Raum nördlich von Ravenna an der Adria verlief, kam es ständig zu heftigen Angriffen und Gegenangriffen.

Bedrückt erzählt Klaus, wie eines Tages in der Morgendämmerung ein amerikanischer Angriff auf die deutschen Verteidigungsstellungen erfolgte. Dabei seien zwei hünenhafte schwarze Soldaten in ihr MG-Nest gesprungen, jedoch von seinen Kameraden noch im Sprung erschossen worden. Während des einstündigen Feuergefechts habe er immer wieder die kaffeebraunen, beinahe friedlichen Gesichter ansehen müssen. Es waren die ersten schwarzen Soldaten, die er gesehen hatte. Er wird diese Gesichter nie vergessen.

Klaus und seine Kameraden hielten ihren Frontabschnitt östlich von Bologna bis in den März 1945 hinein. Aber dann brach der Widerstand zusammen, und seine letzte Einheit wurde von amerikanischen Truppen mit der Unterstützung italienischer Partisanen aufgerieben. Er und sechs weitere Fallschirmjäger konnten sich in der Po-Ebene, in der Nähe von Portomaggiore, in einem kleinen Bach verbergen. In nicht einmal hundert Meter Entfernung rollten amerikanische Panzer vorbei und in ihrer Deckung folgten schwer bewaffnete Partisanen, die, wenn sie auf bewaffnete deutsche Soldaten stießen, bekanntermaßen nur selten Gefangene machten.

Also zerlegten die Fallschirmjäger ihre Maschinengewehre, schoben die Teile in die weiche Uferböschung, ließen die Waffen im Bach liegen und ergaben sich den Partisanen.

Klaus und seine Kameraden hatten Glück, denn der Anführer der Partisanengruppe war ein vernünftiger Mann.

Man führte sie zu einer Sammelstelle ab, an der schon eine große Anzahl deutscher Soldaten zum Abtransport in ein Gefangenenlager bereitstand. Der Transport ging in ein großes umzäuntes Lager bei Rimini an der Adria, in welchem die meisten Gefangenen unter freiem Himmel kampieren mussten. Und obwohl die Umstände alles andere als angenehm gewesen sein müssen, gab es auch einiges, an das sich Klaus gerne erinnerte.

Zum Beispiel an die findigen und begabten Mitgefangenen, die aus jedem Stück Metall oder Draht, das sie in die Hände bekamen, kleine Schmuckstücke wie Ringe, Armreifen oder Amulette herstellten und dann mit Italienern, die ständig am Lagerzaun herumlungerten, Geschäfte machten. So kam es, dass Klaus im Gefangenenlager den *weißen Traum von Rimini* kennen lernte. Es war Eiscreme, die geschäftstüchtige Landsleute durch den Lagerzaun gegen diese Schmuckstücke, aber auch gegen deutsche Orden und Ehrenabzeichen eintauschten.

Der Wachmannschaft war das natürlich ein Dorn im Auge, denn für sie galt: Gib einem deutschen Soldaten eine Konservendose und er macht ein Maschinengewehr daraus.

Im Herbst 1945 wurde ein Teil der Kriegsgefangenen, auch Klaus, nach Frankreich in das Gebiet von Elsaß-Lothringen verlegt, wo sie in Bergwerken und Stahlfabriken hart arbeiten mussten. Es war die Zeit, in der sich die so genannten westlichen Siegermächte, zu denen nach Klaus' Meinung Frankreich eigentlich nicht gehörte, zu der Meinung durchrangen, dass nun nicht mehr Deutschland der Feind war, sondern der immer aggressiver werdende Kommunismus.

Die meisten Kriegsgefangenen wurden im Frühjahr 1947 entlassen. Klaus erfuhr von Verwandten in Düsseldorf, mit denen Meta inzwischen Kontakt aufgenommen hatte, in welchem Lager seine Familie war. Nun dauerte es nur noch eine Woche, bis er endlich angekommen war.

Irgendwann später will Klaus seinen Kindern einmal den Bach in der wunderschönen Gegend von Portomaggiore zeigen und die Stelle in der Böschung, in der noch immer die zerlegten Maschinengewehre stecken mussten.

*

VIERTES KAPITEL
Mane und Mitti

Die Zwillinge sind jetzt drei Jahre alt. Sie sind schmächtig, geradezu grazil, aber lebendig und aufgeweckt. Manuel nennt seinen Zwillingsbruder „Mitti“, und Michael ruft Manuel „Mane“. Ihren älteren Bruder nennen sie Butzi, weil Axel einfach unaussprechlich ist. Mitti ist der wildere von beiden, Mane steht immer ein wenig zurück und sorgt sich um seinen Bruder.

Mane und Mitti schlafen in einem eisernen Bett aus Wehrmachtsbeständen. Sie liegen dabei einander gegenüber, so dass jeder sein eigenes Kopfende hat. Aber Mane und Mitti haben nur eine Zudecke, zwei Wolldecken in einem Bettbezug. In den eiskalten Nächten des Winters 1948/49 setzt sich Mane immer wieder auf und schiebt Mitti die Decke bis zum Kinn - was zur Folge hat, dass sie ihm selbst nur noch bis zum Bauch reicht. Aber Mitti darf nicht frieren. Die Winternächte sind so kalt und die Dämmung der Baracken so schlecht, dass morgens die Bettdecke oft auf der Oberseite gefroren ist.

Sofern er nicht *auf Tour* ist, schläft in der Mitte des Bettes, eingerollt zwischen den Füßen der Zwillinge, Peter, der große, kräftige schwarze Kater, der vor Jahresfrist miauend vor der Barackentür saß und nun ein fester Bestandteil des Familienlebens geworden ist. Mane und Mitti spüren das weiche Fell an den Füßen und die Wärme, die von ihm ausgeht.

Wenn der Geruch von geröstetem Schwarzbrot ins Schlafzimmer zieht, werden die Zwillinge munter. Meta ist dann schon lange auf den Beinen und hat den Herd mit Torf und einigen Briketts geheizt. So kann man es in der Wohnküche aushalten. Geröstetes Schwarzbrot mit Kunsthonig und dunklem Sirup ist doch das Größte! Auf dem Pappbecher des Kunsthonigs steht extra, dass er unter Verwendung von zehn Prozent Bienenhonig hergestellt wurde. Mane und Mitti befinden: einfach nur lecker!

Nach dem Frühstück beginnt die Wasch- und Anziehprozedur. Erst werden die Gesichtchen, die Pummelchen und Popöchen in einer kleinen Emailleschüssel gewaschen. Dann steigen Mane und Mitti jeder auf einen Stuhl, und Meta holt die am Herd angewärmten Sachen. Erst die Unterhosen, dann die Leibchen mit Haltern, an denen lange, kribbelnde Strümpfe befestigt werden. Darüber nun die selbst genähten kurzen Hosen und Hemden mit langen Ärmeln. Natürlich immer alles gleich! Manchmal kann selbst Meta auf Anhieb nicht sagen, wer Mane und wer Mitti ist. Sie gleichen sich, auch im Gesicht, wie ein Ei dem anderen!

Dass alle Menschen, egal wo die Zwillinge auch sind, sie fassungslos anstarren, bemerken Mane und Mitti noch nicht.

Da das wenige Geld gerade für das Allernötigste, wie Nahrung und Kleidung, reicht, kommt es Klaus und Meta überhaupt nicht in den Sinn, für die Kinder irgendwelches Spielzeug zu kaufen. In der Straße Schleusberg hat zwar schon ein kleines Spielwarengeschäft eröffnet und sein lustiger Inhaber versteht es gut, Kinder durch Späße, Vogelgezwitscher und Trillerpfeifen anzulocken, aber Klaus und Meta gehen mit den Kindern vorsichtshalber immer auf der gegenüberliegenden Straßenseite vorbei.

Mane und Mitti vermissen auch nichts. Ihnen genügen ein Holzstuhl, ein Besenstiel, eine Decke und eine Fußbank. Der Stuhl wird umgedreht auf den Boden gelegt und ist damit ein Schiff. Als Mast wird der Besenstiel mit Band an einem Stuhlbein befestigt und die Decke als Segel aufgehängt. Die Fußbank dient als Beiboot. Mane und Mitti turnen auf dieser Konstruktion stundenlang herum, geben Fahrtrichtungsbefehle und halten nach Land Ausschau. Und es wird viel gemalt. Klaus ersteht regelmäßig in einer Druckerei für wenig Geld einen Packen Fehldrucke DIN A4, die auf einer Seite noch unbedruckt sind. Die Jungs malen mit Blei- und Farbstiften hingebungsvoll.

In den warmen Sommermonaten toben die Jungs, nur mit einer Unterhose bekleidet, auf dem sandigen Barackenhof herum, so dass sie abends mit rabenschwarzen Bäuchen und Gesichtern reinkommen. Meta badet die Jungen jeden Abend nacheinander in einer kleinen Zinkwanne und muss aufpassen, dass sich nicht, wie bei Dämmerlicht einmal geschehen, einer zweimal baden lässt und zum Schluss doch noch ein kleiner *Neger* dasteht!

Am 1. April 1949 soll Butzi zur Schule kommen. Der neue Ranzen ist eine absolute Sensation, aber Mane und Mitti haben das Gefühl, Butzi müsste jeden Tag weit weg, und das ängstigt sie. Aber dann kommt der Einschulungstag. Meta geht mit dem herausgeputzen Butzi rechtzeitig los und die Zwillinge können die Rückkehr gar nicht abwarten. Nach unendlichen zwei Stunden ist Meta mit Butzi wieder da. Butzi, stolz wie ein Spanier, der gerade einen wilden Stier besiegt hat, hält in der Hand triumphierend eine kleine Packung Bahlsenkekse. Sechs Stück sind drin. Butzi erklärt gönnerhaft, dass Mane und Mitti was abkriegen. Also versammeln sich die drei Jungs um den Küchentisch und Butzi verteilt die Kekse. Er behält drei und Mane und Mitti bekommen jeder einen ganzen und einen halben Keks über den Tisch geschoben. Alle sind zufrieden. Einschulung ist doch irgendwie schön!

Meta hat es in dieser Zeit schwer, die immer hungrigen Mäuler satt zu kriegen. Oft kocht sie in einem großen Kochtopf Wirsing- oder Weißkohlsuppe. Die gibt es dann eine Woche lang jeden Mittag. Abends muss Brot mit Margarine und Sirup reichen. An Fleisch, Wurst oder Käse ist überhaupt nicht zu denken. Klaus hat noch keine Arbeit und die kärgliche Unterstützung reicht weder vorn und hinten. Die Zwillinge bemerken schon, dass ihre Mutter abends oft mit Tränen am Küchentisch sitzt, wenn alles verputzt ist und große Kinderaugen nach mehr fragen. Mane und Mitti können sich aber die Traurigkeit ihrer Mutter nicht erklären und klettern dann tröstend auf ihren Schoß.

Kartoffeln sind nun das absolute Grundnahrungsmittel. Deshalb gibt es im Herbst Orte, an denen sich zur Abendzeit Väter und Mütter von Flüchtlingsfamilien treffen: es sind die abgeernteten und noch nicht umgepflügten Kartoffelfelder rund um die Stadt, auf denen jetzt „gestoppelt" wird. Klaus ist in der Kartoffelzeit jeden Abend mit dem Fahrrad unterwegs. Dabei hat er zwei Eimer und eine kurzstielige Hacke mit drei Zinken. Damit werden die abgesammelten Reihen auf den Feldern regelrecht durchwühlt und nach Kartoffeln abgesucht, welche die Erntemaschine nicht an die Oberfläche geworfen hat. Manchmal hat Klaus Glück und findet ein richtiges Nest mit wunderschönen, unbeschädigten Kartoffeln. Schon ein Eimer gestoppelter Kartoffeln ist ein Segen.

Nur gut, dass Peter, der Kater, Selbstversorger ist. Sonst stünde es schlecht für ihn. Aber Ratten und Mäuse gibt es genug unter, über und in den Baracken. Und manchmal genehmigt er sich auch einen Leckerbissen.

So auch eines Tages, als auf dem Lagerhof ein Geschrei anhebt. Die Zwillinge laufen vor die Tür und sehen erschrocken, wie Peter mit einem großen weißen Huhn im Maul über den Hof jagt. Verfolgt wird er von mehreren Bewohnern der Siedlungshäuser, die drohend Spaten und Harken schwingen. Aber Peter springt mit dem Huhn im Maul über einen angrenzenden Gartenzaun und ist spurlos verschwunden. Abends liegt Peter zufrieden schnurrend wieder bei den Zwillingen im Bett.

Den Hühnerstallbesitzern lässt das natürlich keine Ruhe. Und so kommt, was Klaus schon befürchtet hatte. Eines Abends kommt Peter in die Wohnung geschlichen, läuft in der Küche hin und her und faucht, wenn man ihn streicheln will. Da entdeckt Klaus, dass bei der Katze auf der Stirn etwas blinkt. Die heulenden Jungs werden ins Schlafzimmer geschickt, und Klaus und Meta fangen die fauchende und kratzende Katze mit Decken ein. Und siehe da, zwischen ihren Augen steckt eine Kugel aus einem Kleinkalibergewehr, die wohl jede normale Katze getötet hätte, nicht aber den großen, stattlichen Kater. Mittels Pinzette gelingt es Klaus, das Projektil zu entfernen. Die Jungs sind überglücklich, auch wenn Peter für Stunden nicht im, sondern unter ihrem Bett verschwindet.

Mane und Mitti hängen wirklich sehr an dem Kater. Nur

von den beiden lässt sich Peter kraulen und umhertragen, was Katzen sonst überhaupt nicht mögen. Bei jedem anderen sträuben sich seine Rückenhaare, und er macht einen drohenden Buckel. Deshalb sind die Zwillinge starr vor Schreck, als sie einige Tage später, nur wenige Meter von ihnen entfernt, dieses spannende Schauspiel erleben:

Peter hängt in halber Höhe an einem Baumstamm am Lagereingang. Gerade so hoch, dass ihn der wild bellende und nach ihm schnappende Polizeihund Harras nicht erreichen kann. Harras, ein Schäferhund, gehört zu dem Schupo, dem Schutzpolizisten, der täglich zu Fuß seine Runden durch das Stadtviertel macht. Da kommt der Schupo auch schon um die Ecke und pfeift nach dem Hund. Als der sich kurz zu seinem Herrchen umdreht, springt der große schwarze Kater ihm auf den Rücken, beißt sich fest und kratzt mit allen Pfoten. Harras jault auf und dreht sich, nach hinten schnappend, im Kreis. Aber Peter lässt nicht von ihm ab. Da wirft sich Harras hin und wälzt sich auf den Rücken. Peter springt blitzschnell zum Baumstamm und ist Sekunden später in der Baumkrone verschwunden. Inzwischen ist der Schupo da und nimmt den tobenden Hund an die Leine.

„So was hab' ich noch nie erlebt", sagt der Schupo zu den Zwillingen, „das ist ja ein richtiger Panther! Gehört der zu euch?"

Die Zwillinge nicken nur und warten unter dem Baum noch eine Stunde, bis Peter, nach allen Seiten sichernd, langsam rückwärts den Baumstamm herunterklettert und dann wie gehetzt im nahen Gebüsch verschwindet.

Der Schupo heißt Herr Strutz und jedes Mal, wenn er auf seinen Kontrollgängen die Zwillinge auf dem Lagerhof oder in der Franz-Wiemann-Straße trifft, sagt er: „Na, ihr beiden, wo ist denn euer Panther heute? Passt bloß auf, dass er nicht überfahren wird oder Harras ihn zu fassen kriegt!“

Dabei lacht er freundlich und tippt sich beim Weitergehen mit der Hand an den Helm. Nur Harras knurrt, wenn er Mane und Mitti sieht. Er assoziiert die Zwillinge wohl mit Peter, dem Panther!

*

FÜNFTES KAPITEL
Die englische Garnison

Klaus hat seit kurzem eine Anstellung in einer englischen Garnison gefunden, die in der ehemaligen Wehrmachtskaserne in der Färberstraße stationiert ist. Die Einheit hat die Bezeichnung GSO und ist eine kombinierte Panzer- und Transporteinheit. Klaus, der während des Krieges neben der Fliegerei auch noch zum Funktechniker ausgebildet wurde, repariert dort defekte Funkgeräte in den Panzern, Lastwagen und so genannten Funkbuden sowie immer öfter die privaten Radiogeräte der Offiziere.

Mane, Mitti und Butzi wollen ihren Vater unbedingt aus der Kaserne abholen. Sie betteln täglich, denn Klaus hat immer wieder spannende Sachen über die englischen Soldaten, die Panzer und Jeeps erzählt. Also lässt Klaus sich erweichen.

„Aber ihr müsst den Wachen am Tor auf englisch sagen, wen ihr abholen wollt“, sagt Klaus und bringt Butzi als dem Ältesten folgenden Satz bei: *„I want to go to my father, he is the radio operator.“*

Am nächsten Tag gehen die drei am späten Nachmittag los. Auf beiden Seiten des Kasernentors sind Maschinengewehre aufgebaut und zwei grimmig dreinschauende Soldaten mit weißen Handschuhen und komischen weißen Gamaschen an den Schuhen patrouillieren hin und her. Das Herz rutscht den Jungs in die Hose. Aber Butzi sagt tapfer den Satz auf:

„I want to go to my father, he is the radio operator.“

Die beiden Soldaten runzeln die Stirn. Dann geht einer in das

Kasernengebäude und kommt nach kurzer Zeit mit drei anderen wieder. Alle lachen, stellen sich in einer Reihe auf und salutieren.

„Go on", sagt der erste und winkt aufmunternd mit der Hand.

Die drei strohblonden Knirpse marschieren wie die Lords von Canterbury an der lachenden „Ehrenformation" vorbei. Ein Bild für die Götter! Die Wachen hatten Klaus telefonisch informiert, der seine drei Helden nun strahlend in Empfang nimmt.

Beim nächsten Besuch werden die drei Knirpse von grinsenden Wachsoldaten wieder mit allen militärischen Ehrenbezeugungen begrüßt und nach Aufsagen ihres Wunsches anstandslos durchgelassen. Als die Jungen die Reparaturhalle erreichen, ist ihr Vater noch damit beschäftigt, ein instand gesetztes Funkgerät in einen Panzer einzubauen. Staunend stehen sie vor dem gewaltigen graugrünen Ungetüm, und es beeindruckt sie unheimlich, wie ihr Vater auf den Panzer klettert und durch das Turmlug ins Innere verschwindet.

Plötzlich kommen zwei Soldaten in die Halle, um zu sehen, ob Klaus mit dem Einbau fertig ist. Nach einigen Minuten springt Klaus vom Panzer herunter und meldet: *„All right, finished!"*

Die Soldaten schauen amüsiert auf die drei ehrfurchtsvoll dastehenden Jungs und reden kurz miteinander. Dann bedeuten sie Klaus, dass er sich mit den dreien vorne auf den Panzer setzen soll, denn sie wollen eine Ehrenrunde um den Kasernenhof drehen. Obwohl Klaus nicht ganz wohl bei der Sache ist, steigt er auf den Panzer und die beiden Soldaten reichen ihm die Knirpse nach. Klaus platziert die drei vor und neben sich so, dass sie sich festhalten und nicht herunterfallen können. Dann springt der schwere Motor an, der Koloss verlässt mit lautem Getöse die Halle und fährt draußen langsam einen großen Kreis. Viele Soldaten treten an die Fenster oder vor die Türen der Kasernengebäude, um das Schauspiel zu verfolgen.

Mane, Mitti und Butzi sind damit fast so etwas wie Maskottchen für die Garnison geworden und die Soldaten beschenken sie mit Schokolade und Keksen. Sooft die Jungs ihren Vater abholen, wiederholt sich die Zeremonie: lachende, salutierende Soldaten und drei blonde Jungen, die beim Vorbeigehen jetzt ebenfalls die Hand an die Stirn legen.

Im Sommer werden Familien der GSO-Angestellten, die in Barackenlagern wohnen, mit Sack und Pack auf Lastwagen verfrachtet und für drei Wochen in ein Zeltlager am Timmendorfer Strand gebracht. Jede Familie bezieht ein eigenes großes Zelt mit Feldbetten. Die Engländer sorgen rührend für Essen, Spiele für die Kinder und Unterhaltung für die Erwachsenen. Die Zwillinge toben nackt am Strand und im Wasser. Der Sommer des Jahres 1950 ist heiß und trocken, die Zwillinge sind blass und schmächtig. Nach zwei Tagen liegen Mane und Mitti mit hochgradigen Sonnenstichen im abgedunkelten Zelt und werden von einem Militärarzt versorgt.

Fast eine Woche liegen sie so da und werden noch schmaler. Aber dann geht es wieder aufwärts, und die zweite Hälfte der Zeltlagerzeit ist einfach toll.

Die Sonne scheint den ganzen Tag, und das Wasser der Timmendorfer Bucht ist lauwarm. Und es regnet eigenartigerweise nur nachts. Dann prasseln die Tropfen gleichmäßig auf die Zeltplane und frische Regenluft zieht durch das Zelt.

Es erinnert die Zwillinge stark an zu Hause, wenn sie sich gegenüber im Bett liegen und der Regen auf die Teerpappe des Barackendaches trommelt. Bei einem Gewitter, als die Blitze das Zeltinnere erhellen und der Donner nachhaltig grollt, setzt sich Meta zu den Knirpsen auf das Feldbett und sagt:

„Jetzt fahren die Russen mit Panzern über die Wolken.“

Wie Mane und Mitti sind auch andere Flüchtlingskinder in dieser Zeit glücklich und zufrieden mit den Umständen des Lebens. Es ist ein großer Vorteil, noch nichts anderes zu kennen und den Geruch von geröstetem Schwarzbrot für ein Stück vom Paradies zu halten.

*

SECHSTES KAPITEL

Schulszenen I

Die Zwillinge kommen Ostern 1952 zur Schule. Der Schularzt hatte Mane und Mitti ein Jahr zurückgestellt, weil sie ihm mit knapp sechs Jahren einfach noch zu zerbrechlich erschienen. Im seither vergangenen Jahr hat sich daran nicht viel geändert, aber jetzt werden die Zwillinge in die Theodor-Storm-Schule in der Gartenstraße eingeschult. Ein alter roter Backsteinbau aus dem 19. Jahrhundert mit zwölf hohen Klassenzimmern und einem kleinen Schulhof. Im Kellergeschoss wird die Schulspeisung ausgegeben. Die Erstklässler schreiben noch mit Griffeln auf Schiefertafeln.

Auf dem Schulhof werden die Zwillinge von den älteren Schülern argwöhnisch beäugt und sofort als Flüchtlinge identifiziert. Denn es gibt nur zwei Arten von Schülern: die Einheimischen und die Flüchtlinge.

Die Einheimischen sind in der Regel gut genährt, pausbäckig und im Winter warm angezogen. Sie tragen die neuen Manchesterhosen und Schirmmützen mit herunterziehbaren Ohrenklappen. In den Schulranzen aus Leder werden große Dosen aus Weißblech mit wunderbar nach Leberwurst und Schinken duftenden Stullen mitgebracht. Sie wohnen in festen Ein- oder Zweifamilienhäusern mit Gärten und Ställen, in denen Schweine, Schafe und Hühner gehalten werden. Und irgendwie sind die Einheimischen auch alle größer, und stärker sowieso. Die Flüchtlinge sind kleiner und schmächtiger. Sie tragen selbst genähte Hosen, manche im Winter auch kurze Hosen und lange Strümpfe. Auf dem Kopf haben sie selbstgestrickte Pudelmützen und die Schulranzen sind aus verstärkter Pappe. Ihre Stullen bestehen aus ein bis zwei Scheiben Schwarzbrot, zusammengeklappt und mit Margarine *belegt.*

Mane und Mitti haben schon nach einigen Schultagen die Spitznamen „Flüchtlingsausweise A und B“ weg, und es macht besonders den älteren Einheimischen Spaß, sie in den Pausen mit dem Spottlied: „Am 30. Mai ziehen die Flüchtlinge weg, wir tragen ihr Gepäck, wir tragen ihr Gepäck“, zu verhöhnen.

Auch wegen ihres Haarschnittes werden die Zwillinge gehänselt. Denn Klaus hat sich schon vor Jahren eine Haarschneidemaschine für Handbetrieb zugelegt. Bei den Jungs wachsen die Haare so schnell wie Bambusstecklinge und alle vier Wochen mit den dreien zum Friseur ist nun wirklich nicht drin. Also setzen sie sich nacheinander auf einen Stuhl, Schürze um den Hals, und Klaus verpasst ihnen einen Einheitshaarschnitt nach dem Motto vorne kurz und hinten Scheitel. Als Mane und Mitti noch nicht zur Schule gingen, war das auch noch kein Problem. Aber jetzt fahren die älteren Schüler den Zwillingen mit den Fingerknöcheln am Hinterkopf hoch und spotten: „Na, hat euer Papi euch wieder den Isspott aufgesetzt und drum herum geschnitten?“

Wegen der kurzen Haare schmerzen diese Kopfnüsse besonders!

Und dann erst der Schulweg! Vom Barackenlager geht es zunächst auf der Ehndorfer Straße einen Kilometer schnurgeradeaus bis zur Einmündung in den Hansaring. Dann rechts durch die Bahnunterführung, den Schleusberg hinauf und durch die Schützenstraße bis zur Gartenstraße. Der Hinweg morgens ist für Mane und Mitti meistens kein Problem, denn da haben es alle eilig. Aber der tägliche Rückweg hat es in sich!

Bis zum Beginn der Ehndorfer Straße kommen die Zwillinge, von Fußgängern immer wieder ungläubig bestaunt, noch ziemlich unbehelligt. Aber dann liegen tausend Meter gerade Ehndorfer Straße vor ihnen, auf der zu beiden Seiten viele Einheimische wohnen. Schon nach hundert Metern stehen auf beiden Gehwegen Gruppen von größeren Jungen, die ihnen auf den Ranzen schlagen, in den Hintern treten und Schmählieder singen. Mane und Mitti kommen tagelang weinend nach Hause. Aber dann beraten sie sich mit Butzi, der leider schon in eine andere Schule versetzt worden war, und überlegen sich eine einfache Taktik.

Am nächsten Tag nach Schulschluss biegen die Zwillinge wie immer nach der Bahnunterführung in die Ehndorfer Straße ein und nähern sich mit ruhigen Schritten der Gruppe Einheimischer, die sie schon mit Gelächter und Spottgesängen erwartet. Kurz vor der Gruppe spannen Mane und Mitti mit beiden Händen die Schulterriemen der Ranzen nach vorn, damit diese fest auf dem Rücken sitzen. Dann setzen die Zwillinge, unvermittelt über die Fahrbahn ausweichend, zu einem langgezogenen Spurt an und jagen, immer nur auf die rauf und runter fliegenden Knie schauend, die Ehndorfer Straße hinunter. Die überraschten Einheimischen laufen noch eine Weile hinterher, um dann einfach schlapp stehen zu bleiben.

Natürlich geht diese Taktik nicht immer gut. Die Einheimischen bauen eine um hundert Meter nach hinten versetzte zweite Front auf, die schwer zu umlaufen ist. So bekommen

Mane und Mitti noch so manchen Schlag und Fußtritt. Aber täglich sausen sie wie die geölten Blitze die tausend Meter ohne Halt hinunter bis ins Barackenlager.

Und diese Taktik hat noch einen Vorteil: Mane und Mitti werden innerhalb weniger Monate hervorragende Läufer. Ihre Beinmuskulatur nimmt zu und ihr Lungenvolumen steigt beträchtlich. Bald können auch erheblich ältere Einheimische nicht mehr mit ihnen mithalten und langsam wächst der Respekt vor diesen kleinen Windhunden. Das Unterrichtsfach Sport wird zu ihrer Domäne!

An Tagen, an denen Mane und Mitti nur drei Schulstunden haben, kommt es öfter vor, dass sie auf dem Heimweg fast zeitgleich mit dem Bäckerwagen in die Ehndorfer Straße einbiegen. Bei dem Bäckerwagen handelt es sich um ein Pferdegespann, das aus einem weißen Kastenwagen mit Kutschbock und einer Deichsel besteht, in die ein kräftiges Pferd mit dunkelbraunem, glänzendem Fell eingespannt ist. Oben auf dem Kutschbock sitzt ein freundlicher Mann mit rundem Gesicht, großen lustigen Augen und einer tiefen Baritonstimme. Der Bäckerwagen fährt zu dem Flüchtlingslager in der Ehndorfer Straße 120 sowie zu dem weit größeren Lager hinter der Flensburger Straße.

Schon von weitem ist das Klappern der beschlagenen Hufe auf dem Straßenpflaster zu hören. Die Zwillinge lieben den Bäckerwagen und das schöne Pferd davor. Also warten sie, bis das Gespann auf ihrer Höhe ist, und gehen mit schnellen Schritten nebenher. Mit einem verschmitzten Grinsen schnalzt der Kutscher mit der Zunge und das Pferd geht in einen leichten Trab über. Die Zwillinge erhöhen ebenfalls das Tempo. Jetzt schnalzt der Kutscher noch einmal und die Gangart des Pferdes verschärft sich. Mane und Mitti spannen die Riemen ihrer Ranzen und preschen neben dem Pferd her. Das Pferd, dass nun seinerseits das Getrappel der Zwillinge neben sich hört, schnaubt und dreht den Kopf zur Seite, um an den Scheuklappen vorbei zu sehen, was da neben ihm her läuft. Dieses „Pferderennen“ erstreckt sich regelmäßig über mehrere hundert Meter. Erstaunte Passanten fühlen sich in den Wilden Westen versetzt.

Natürlich hat das mit Hafer ernährte Pferd mehr Kraft und zieht davon. Mane und Mitti gehen in Dauerlauf über und schnaufen nun ihrerseits wie kleine Ponys. Als sie auf dem Lagerhof ankommen, steht der Bäckerwagen bereits mit geöffneten Türen da und der freundliche Mann verkauft seine Waren.

„Na, ihr beiden Springböcke“, sagt er mit seiner tiefen Stimme lachend, „ihr habt ja wieder lange mitgehalten, vor euch muss sich wohl noch Emil Zátopek in Acht nehmen!“

Er reicht den Zwillingen eine große Tüte Kuchenkrümel, die sonst zehn Pfennig kostet. Mane und Mitti sind begeistert, Reste von Kuchen und sogar Torte – phantastisch!

Dass die Zwillinge jeden Tag um die Mittagszeit nebeneinander die Ehndorfer Straße im D-Zug-Tempo herunterflitzen, beobachten natürlich auch einige Anwohner. Im Vorgarten eines Hauses ziemlich am Ende der „Rennstrecke“ steht oft eine ältere Frau und lächelt den beiden freundlich zu. Eines Tages tritt die Frau auf den Gehweg und spricht die hechelnden Zwillinge an. Mane und Mitti sind ganz verstört, denn vor erwachsenen Einheimischen haben sie mächtig Respekt. Doch die Frau nimmt ihnen mit freundlichen Worten die Angst und zeigt auf den Hauseingang, wo ein Korb mit Äpfeln steht: „Der ist für euch. Nehmt den Korb mit nach Hause.

Ich glaube, ihr beide könnt Obst gut gebrauchen."

Die Zwillinge fassen die Henkel an beiden Seiten und tragen den Korb gemeinsam ins Lager.

Die freundliche Frau hat die Zwillinge offensichtlich ins Herz geschlossen. Fast jeden Tag gibt sie den beiden nun etwas mit. Mal sind es Pflaumen, dann Birnen, Kohlrabi oder Karotten; alles, was in ihrem Garten wächst. Und im Winter gibt es oft in der Küche einen Becher heißen Kakao oder Mischkaffee Marke *Bonisto*. Einmal nimmt sie auch an einem der Zwillinge Maß und strickt Pullover sowie Fausthandschuhe. Natürlich immer im selben Farbton. Dabei erzählt die Frau den Zwillingen, dass ihr Mann erst vor kurzem verstorben ist und ihre beiden Söhne mit nur sechzehn und siebzehn Jahren noch kurz vor Kriegsende umgekommen seien. Der jüngere war Flakhelfer in Berlin, der andere blutjunger Soldat im Scheldekessel. Auch ihre Söhne hätten sich sehr ähnlich gesehen. Wenn die Frau das erzählt, weint sie und umarmt Mane und Mitti.

*

Siebentes Kapitel

Übermut

In den Sommermonaten machen Klaus und Meta an Sonntagen oft Ausflüge mit den Kindern. Natürlich zu Fuß, denn für den Bus oder gar die Eisenbahn reicht das geringe Einkommen nicht aus und Fahrräder haben nur die Einheimischen. Wenn es noch zu kühl zum Baden ist, geht es zum Boostedter Berg. Der liegt, vom Barackenlager aus gesehen, in südlicher Richtung. Also geht es durch den Stadtteil Wittorf auf die Landstraße, die nach Boostedt und weiter nach Großenaspe führt. Die Kinder sind bepackt mit Decken und Beuteln. Der ungefähr acht Kilometer lange Hinweg wird zügig absolviert, denn alle freuen sich auf den sechzig Meter hohen Berg, der mit duftendem Heidekraut bewachsen ist und dessen Wege aus feinem gelben Sand die Sonnenwärme speichern.

Mane, Mitti und Butzi toben barfuß herum, spielen im Heidekraut und hinter Büschen Verstecken oder laufen den Berg hinunter zu der großen Graswiese, auf der junge Männer selbst gebaute, einsitzige Segelflugzeuge mit Seilen ziehen, um kleine Übungshopser zu machen. In Verschnaufpausen schmecken die mitgebrachten Schwarz- und Mischbrotstullen an der frischen Luft besonders gut.

Die fast vierzehnjährige Ilse, die inzwischen auf die Oberschule geht, bleibt lieber bei den Eltern und liest in Schulbüchern oder alten Romanheften.

Gegen Abend geht es heimwärts. Nun sind aus den unternehmungslustigen Jungen müde Krieger geworden und aus den acht Kilometern Nachhauseweg werden gefühlte einhundert.

Bei Badewetter wandert die Familie zum nördlich von Neumünster gelegenen Einfelder See. Der Weg ist mit fast zehn Kilometern noch länger, aber das ist morgens noch egal. Mane, Mitti und Butzi sind ausgemachte Wasserratten, und die Vorfreude lässt sie manchmal in der Nacht von Samstag auf Sonntag kaum schlafen. Denn Klaus hat bei den Engländern den geflickten Schlauch von einem Jeepreifen organisiert, der schon aufgepumpt mitgenommen wird. Einen größeren Spaß kann es für die Jungs nicht geben!

Aber das Toben im Wasser macht sehr, sehr müde. Auf dem Heimweg wird nicht mehr gegangen, sondern getrippelt und der Weg scheint dreimal so weit zu sein wie am Morgen. Oft kommt die Familie erst in der Abenddämmerung im Barackenlager an.

Seit ein paar Wochen besitzt Klaus ein altes Motorrad, eine NSU mit zwei Zylindern. Er hat sie von einem anderen Zivilangestellten der englischen Garnison fast geschenkt bekommen, weil dieser sich einen fabrikneuen Heinkel-Kabinenroller gekauft hat. Klaus hat die Maschine auf dem Barackenhof unter den Küchenfenstern seiner Wohnung aufgeständert und putzt und schraubt jeden Abend daran herum. Tagsüber ist sie mit einem Stück Zeltplane abgedeckt. Klaus hat den Jungen streng verboten, sich allein auf das Motorrad zu setzen oder an ihm herumzuspielen, denn es kann leicht kippen und ist sehr, sehr schwer. Butzi ist beauftragt, aufzupassen, dass nicht irgendwelche anderen Lagerkinder der Maschine zu nahe kommen.

Butzi, der drei Jahre älter ist als die Zwillinge, gehört schon einer anderen Kindergeneration an und ist oft mit gleichaltrigen Freunden unterwegs. Das nutzen die Zwillinge aus und machen sich, trotz des ausdrücklichen Verbotes, an dem Motorrad zu schaffen. Es ist einfach zu verlockend und zu spannend, auf die Fußrasten zu steigen, sich auf den Sattel zu schwingen und den Lenker hin und her zu bewegen, als würde man fahren.

Mitti steigt als erster auf das Motorrad, bewegt den Lenker, dreht am Gasgriff und legt sich in die Kurve. Das hätte er nicht machen sollen, denn wie in Zeitlupe beginnt das Motorrad zu kippen. Mane, der davor steht, stemmt sich mit all seiner Kraft gegen die auf ihn zukommende mehrere Zentner schwere Maschine. Plötzlich verspürt er einen stechenden, rasenden Schmerz im unteren Bauchbereich. Mane lässt los und das Motorrad begräbt ihn unter sich. Mitti, der inzwischen abgesprungen ist, rennt schreiend in die Küche zu Meta. Durch Mittis Schreien alarmiert, kommen drei Nachbarinnen hinzu. Zusammen gelingt es den Frauen, das Motorrad wieder aufzurichten.

Mane liegt mit angezogenen Beinen auf dem Boden und hält sich mit beiden Händen den Bauch. Seine Beine sind ölverschmiert und am rechten Oberschenkel klafft eine blutende Wunde. Eine der Nachbarinnen läuft zur Ehndorfer Straße und ruft von einem Geschäft aus einen Krankenwagen herbei. Der Arzt im Friedrich-Ebert-Krankenhaus stellt fest, dass Mane einen großen Leistenbruch sowie diverse Quetschungen und Prellungen an den Beinen erlitten hat. Der Krankenhausaufenthalt wird mindestens vierzehn Tage dauern.

Als Klaus abends nach Hause kommt, sitzt Mitti mit gesenktem Kopf auf der Bettkante. Klaus sieht ihn nur an und sagt kein Wort.

ACHTES KAPITEL
Ein Zoobesuch

Eines Sonntagmorgens im Spätsommer hat Klaus eine große Überraschung für die Kinder: „Wir fahren heute mit dem Zug nach Hamburg und besuchen den Tierpark Hagenbeck.“

Besonders die Jungs können es kaum fassen, denn Hagenbeck heißt Tiger, Löwen, Elefanten und natürlich Affen! Und dann noch die Zugfahrt. Sie sind noch nie mit der Eisenbahn gefahren! Die Beine fliegen regelrecht zum Bahnhof. Nun steht die Familie auf Bahnsteig Zwei und wartet auf den Zug.

Endlich, mit einem lauten Pfiff nähert sich die Dampflok mit vier oder fünf Personenwagen.

„Kommt, wir gehen ganz nach vorne“, sagt Klaus zu den Jungs, „da können wir uns die Lokomotive genau ansehen.“

Zischend und dampfend kommt die Lok genau vor ihnen zum Stehen. Die Zwillinge kriegen vor Aufregung kein Wort heraus. Das riesige, schwarze Ungetüm, mit Rädern so hoch wie ein Haus, steht da; weißer Dampf zischt unter der Lok hervor und hüllt sie ein. Es riecht nach Kohle und Öl.

Aus dem Seitenfenster der Dampflok schaut ein Mann mit einer Schirmmütze heraus. Er ist schwarz im Gesicht, nur seine Augen leuchten und seine Zähne blitzen. Er sieht lachend auf die ehrfurchtsvoll dastehenden Jungs.

„Na, wo wollt ihr denn hin?“

Mane und Mitte trauen sich nicht, zu antworten, aber Butzi tritt ein paar Schritte vor und sagt stolz: „Nach Hamburg zu Hagenbeck.“

„Was“, sagt der unheimliche Mann, „bis ganz nach Hamburg, meine Herren, das ist aber weit! Steigt man schnell ein, wir fahren gleich ab!“

Die Jungs haben das Gefühl, sie machen eine Weltreise. Stolz steigen sie in den Wagen der dritten Klasse und nehmen auf den Holzbänken Platz.

An diesem schönen Sonntag zieht Hagenbeck die Menschen an wie ein Magnet. Tausende Familien sind unterwegs und bei den Attraktionen des Tierparks, wie zum Beispiel den Raubtieren, Elefanten, Affen und Pinguinen, herrscht großer Andrang. Und obwohl die Eltern immer wieder warnend sagen: Bleibt zusammen!, ist plötzlich Mitti weg. Typisch Mitti, der immer voreilig ist! Klaus und Meta sehen sich eine Weile in alle Richtungen um, aber bei den Menschenmassen ist es unmöglich, den kleinen Mitti auszumachen. Also gehen sie mit Ilse, Butzi und dem heulenden Mane zur Aufsicht am Eingangsgebäude, um Mitti suchen zu lassen.

„Wie sieht er denn aus?“, fragt der freundliche Aufseher.

„Na, wie der hier“, sagt Klaus und zeigt auf Mane. „Es sind Zwillinge.“

Der Mann hebt den Telefonhörer ab und beschreibt dem anderen Ende das Aussehen des verschwundenen Jungen, indem er Mane von oben bis unten mustert.

Etwa eine Stunde später ist der weinende Mitti wieder da. Er hatte im Gedränge den Sichtkontakt zur Familie verloren und war mit einem Menschenpulk in die andere Richtung mitgegangen. Als der Aufsichtsbeamte die beiden jetzt nebeneinander stehen sieht, ist er richtig gerührt.

„Euch beide könnten wir hier in Hagenbeck auch noch zur Schau stellen, was?“

NEUNTES KAPITEL
Winterfreuden

Der Winter 1952/53 ist wieder richtig kalt und schneereich. Klaus hat irgendwo drei Paar Schlittschuhe aufgetrieben. Alte verrostete Dinger, die er mühevoll blank putzt und ölt. Die Jungs schrauben sie an den Absätzen und Sohlen der Stiefel fest und los geht's. Klaus schüttet in den Winternächten einfach mehrere Eimer Wasser auf den Barackenhof und morgens ist eine prächtige Eisfläche entstanden. Eine ganze Kinderschar kurvt den ganzen Tag darauf herum.

Sonntags geht Klaus mit den Jungs oft zu den im Herbst überfluteten Schwale-Wiesen, die sich in große, glasklare Eisflächen verwandelt haben und auf denen unzählige Kinder und Erwachsene ihre Bahnen ziehen oder mit selbst geschnitzten Schlägern Hockey spielen.

Nur den Stiefeln der Jungs tut das Schlittschuhlaufen nicht gut. Durch die angeschraubten Schlittschuhe lockern sich die Absätze und die Sohlen oder reißen ab. Klaus hat deshalb einen eisernen Dreifuß, wie ihn Schuhmacher haben, besorgt und flickt fast jeden Abend Schuhe. Denn Mane, Mitti und Butzi bekommen höchstens alle zwei Jahre neue Schnürstiefel von Salamander. Sie lieben den Geruch in den Salamander-Schuhgeschäften, und sie lieben die Lurchi-Hefte, deren Bildgeschichten immer so enden: Und lange schallt's im Walde noch, Salamander lebe hoch!

Zuerst sind die Stiefel viel zu groß, doch nach einem guten Jahr stoßen die großen Zehen vorne an.

Wenn viel Schnee fällt, tragen die Jungs Gummistiefel mit Fußlappen. Klaus, der das aus seiner Soldatenzeit kennt, hat es eingeführt. Und es klappt hervorragend, denn die Füße bleiben trocken und warm, auch wenn die Jungs noch so lange im tiefen Schnee herumtollen.

Nur zur Turnstunde, bei der immer mehrere Klassen in der Turnhalle sind, müssen die Zwillinge die Gummistiefel ausziehen und in ihre leichten Stoffturnschuhe schlüpfen. Wenn dann Mane und Mitti nach dem Turnen kunstvoll die Lappen um ihre Füße legen und in die Gummistiefel steigen, lästern die Einheimischen:

„Na, geht's wieder nach Sibirien?"

*

ZEHNTES KAPITEL
Braunlage

Im Frühjahr 1953 werden die Zwillinge wegen Unterernährung vom Fürsorgeamt zur Erholung verschickt. Aber nicht zusammen, sondern nacheinander, denn aus jeder bedürftigen Familie darf immer nur ein Kind zur gleichen Zeit verschickt werden. Für Mane und Mitti eine seelische Katastrophe!

Mane ist als Erster dran. Es geht für sechs Wochen nach Braunlage in den Harz. Die Busfahrt dauert fast den ganzen Tag. Mane fühlt sich von Gott und der Welt verlassen und weint lange leise vor sich hin. Was Mitti jetzt wohl macht? Er kann sich nicht mehr um ihn kümmern. Da hilft es auch nichts, dass die Betreuerin an die fast vierzig Kinder Kekse und Bonbons verteilt. Abends kommen die Kinder im Kinderheim Monich an. Mane hat einen kleinen Pappkoffer mit dem Nötigsten dabei, den er selbst tragen kann. Das zugewiesene Zimmer hat vier Doppelstockbetten und acht schmale Schränke.

Die ersten Tage sind trostlos. Mane mag vor Heimweh gar nicht essen. Noch dazu gibt es immer den *dicken Pamps*-dicken Milchreis. Aber wer nicht aufisst, muss bei dem Kinderheimbesitzer, einem dicken, herrischen Mann, nachsitzen, bis alles gegessen ist. Da isst Mane lieber gleich alles auf, auch wenn ihm hinterher schlecht ist.

Nach einer Woche geht es Mane langsam besser. Besonders die langen Ausflüge durch die duftenden Tannenwälder, entlang kleiner Bäche mit glasklarem Wasser, in Richtung des Wurmberges haben es ihm angetan. Die Jungs spielen Cowboy und Indianer, springen in den Bächen von Stein zu Stein und bewerfen sich gegenseitig mit Tannenzapfen. Diese Schlachten haben es immer in sich!

Ende der zweiten Woche hält in der Mittagszeit ein großer schwarzer Mercedes vor dem Kinderheim. Mane erkennt sofort: Es ist ein 300er! Ein Fahrer in Livree steigt mit einem etwa zehnjährigen Jungen aus und begleitet ihn, zwei große Lederkoffer tragend, zum Kinderheimbesitzer, wo beide überschwänglich begrüßt werden. Der Junge, er heißt Karl, bekommt ein Einzelzimmer neben der Wohnung des Besitzers. Karl ist nämlich der Sohn eines Großindustrieellen aus Essen. Er darf auch jeden Abend vom einzigen Telefon des Heimes aus zu Hause anrufen.

Die Mehrheit der Jungen bestaunt Karl anfangs ehrfurchtsvoll wie einen Außerirdischen, Mane als Barackenkind natürlich erst recht. Karls Kleidung, seine Schuhe, seine Sandalen und seine Armbanduhr sind einfach grandios. Und die Betreuer haben immer ein besonderes Augenmerk auf ihn.

Dabei würde Karl so gerne an den Tannenzapfenschlachten teilnehmen und sich bei verwegenen Indianerspielen in den Bächen nasse Füße holen. Aber keiner der Jungen traut sich zunächst, ihm Tannenzapfen auf den Pelz zu brennen oder ihn ins Wasser zu schubsen. Nach ein paar Tagen jedoch ist der Bann gebrochen und Karl kriegt wie alle anderen sein Fett weg. Er genießt diese Tage sichtbar. Aber schon nach drei Wochen fährt wieder der schwarze 300er vor. Karl wird abgeholt und man sieht an den Tränen, wie schwer ihm der Abschied von der liebgewonnenen Bande fällt.

Mane hat jetzt noch eine Woche vor sich und ist schon ein wenig wehmütig. Jetzt, zum Schluss der Verschickung, ist er in seinem Element und benimmt sich später eingetroffenen Jungen gegenüber wie ein alter Hase.

Am Ende hat er kein Gramm zugenommen.

Bei der Abfahrt bekommt Mane fünf Mark Taschengeld - für ihn unvorstellbar viel Geld. Während sich die anderen Süßigkeiten und Andenken kaufen, gibt er keinen Pfennig aus. Er will das Geld unbedingt mit nach Hause nehmen, um dann mit Mitti zusammen die heiß geliebten neuen Micky-Maus-Hefte zu kaufen. Als Mane nach sechs Wochen und einer langen Rückfahrt mit dem Bus wieder zu Hause ist, präsentiert er, stolz wie ein König, auf der ausgestreckten flachen Hand den blank polierten Fünfer.

Mane und Mitti können vor Wiedersehensfreude kaum schlafen und tuscheln die halbe Nacht darüber, was sie sich am nächsten Tag alles kaufen werden.

In den Sommerferien wird nun Mitti zur Erholung verschickt, auch nach Braunlage in das Kinderheim Monich. Er ist gut vorbereitet, denn Mane hat ihm alles haarklein erzählt; vom dicken Pamps über die Wahl des besten Bettes bis hin zur besten Toilettenzeit. Mitti soll auf jeden Fall ein oberes Bett in Beschlag nehmen, weil sonst die anderen Jungen ständig auf seinem Kopf oder Beinen herum trampeln.

Als die Kinder aus dem Bus steigen, traut der dicke Kinderheimbesitzer seinen Augen nicht:

„Was willst du denn schon wieder hier?“, fährt er den armen Mitti an. „Du bist doch gerade erst abgereist!“

Die mitgereiste Betreuerin braucht einige Minuten, um ihm klarzumachen, dass es Michael und wirklich nicht Manuel ist.
Der Kinderheimbesitzer schüttelt mit dem Kopf.

„Das gibts doch nicht, diese Ähnlichkeit ist nicht zu fassen! Und ich dachte schon, der Erste hat sich wieder eingeschlichen.“

Er betrachtet Mitti von allen Seiten.

„Na ja, ein bisschen blass ist er tatsächlich noch.“
Seitdem hat Mitti bei dem Kinderheimbesitzer einen Stein im Brett. Der lächelt Mitti oft an und zwinkert ihm zu.

Der dicke Kinderheimbesitzer hat überhaupt zurzeit gute Laune. Das liegt daran, weil seine Nichte Laura ihre Sommerferien in seinem Heim verbringt. In dieses kleine, blonde Ding ist er ganz vernarrt und kann ihm keinen Wunsch abschlagen. Und Laura wickelt ihren Onkel nach allen Regeln der Kunst um den Finger. Sie verbringt viele Stunden am Tag mit den anderen Kindern und so kommt es, dass sich Mitti gut mit Laura anfreundet.

Und so mag der Kinderheimbesitzer schon am nächsten Sonntag der Kleinen die Bitte nicht abschlagen, Mitti zum Blaubeerenpflücken mitzunehmen.

Also fahren am Sonntag nach dem Essen drei Erwachsene und die beiden Kinder mit dem neuen Opel Olympia des Besitzers durch den wunderschönen Harz.
Mitti kann sein Glück kaum fassen! Was für ein Auto! Da gerät das Beerenpflücken zur absoluten Nebensache.

Mitti ist nun jedes Wochenende mit der Familie des Kinderheimbesitzers im Auto unterwegs und lernt den Harz richtig kennen. Besonders begeistert ist er von der Okertalsperre, vom Okerstausee und natürlich von der gefährlichen *Zonengrenze*, an der Soldaten mit Gewehren Wache halten. Das beflügelt Mittis Phantasie ungemein.

Auch Mitti bringt seine fünf Mark Taschengeld komplett mit nach Hause. Und nicht nur das, er hat sogar noch zwei Mark dazuverdient - durch vier Mal Blaubeerenpflücken für jeweils fünfzig Pfennig Belohnung. Und wenn man dann noch bedenkt, wie oft er mit Laura Eis gegessen und Sinalco getrunken hat - was ist da schon der Kaiser von China!

Laura hat Mitti zum Abschied ein kleines Bild von sich geschenkt, das er wie seinen Augapfel hütet.

*

ELFTES KAPITEL

Gefährliche Spiele, ein Unfall und ein Angebot

Als Ende September 1954 die Tage kürzer werden und sich der Herbst mit den ersten kalten Nächten ankündigt, sind die Zwillinge beunruhigt. Peter, ihr großer schwarzer Kater, ist schon einige Tage abends nicht mehr aufgetaucht und auf das Bett der beiden gesprungen. Klaus, dem das auch aufgefallen ist, beruhigt Mane und Mitti.

„Jetzt ist bestimmt Laufzeit, und Peter jagt hinter seinem Katzenharem her. Der kommt schon wieder."

Zwei Tage später, Mane und Mitti kommen mittags gerade aus der Schule, liegt Peter neben der Holzkiste am Küchenherd. Aber wie er aussieht! Er ist ganz abgemagert, sein Fell zerzaust, die Augen nur halb geöffnet. Er gibt keinen Ton von sich.

„Fasst ihn nicht an", sagt Meta, „vielleicht ist er krank. Wir können nur abwarten."

Sie holt ein altes Handtuch und deckt ihn bis zu den Ohren zu. Alle paar Minuten sehen die Zwillinge nach ihm, aber Peter liegt unbeweglich da.

Klaus, der abends nach Hause kommt, wirft nur einen kurzen Blick auf den Kater und sagt dann leise zu Meta:

„Nun haben sie es geschafft - er ist vergiftet worden! Die Nacht überlebt er sicher nicht mehr. Bringen wir es den Jungs morgen früh schonend bei."

Spätabends noch bettet Klaus den toten Kater in einen Pappkarton und vergräbt diesen zwischen zwei Sträuchern an der

Hofbegrenzung zur Franz-Wiemann-Straße. Niemand soll wissen, wo Peter begraben liegt, damit Kinder ihn nicht heimlich wieder ausbuddeln.

Mane und Mitti sind untröstlich. Und da es nur der Hühnerstallbesitzer mit den weißen Hennen gewesen sein kann, der wahrscheinlich auch früher auf Peter geschossen hat, sinnen sie auf Rache.

Aus Büschen bei den Lagergärten schneiden die Zwillinge mit ihren Fahrtenmessern Astgabeln heraus, die sich zum Bau von Steinschleudern eignen. Bei den Jungs in der Gegend heißen die Dinger *Zwullen.*

Auf jeder Seite der Schleuder werden zerschnittene Weckglasgummis befestigt, die hinten mit einer Lederlasche verbunden sind. Als Munition dienen kleine Glasmurmeln. Die Reichweite und Durchschlagskraft ist enorm. Am nächsten Abend klirren bei dem Hühnerstallbesitzer die Fensterscheiben im Haus, obwohl weit und breit niemand zu sehen ist.

Als Klaus eines Tages die Katapulte bei den Zwillingen entdeckt, ist er sichtlich erschrocken. Was da alles hätte passieren können! Er nimmt sie den beiden weg und warnt sie davor, noch einmal solche Waffen zu bauen.

Neben dem Barackenlager Ehndorfer Straße 120 wird seit über einem Jahr an einer neuen Schule gebaut. Es soll eine moderne Schule in ebenerdiger Pavillon-Bauweise mit einem großen begrünten Pausenhof werden. Sie wird Faldera-Schule heißen, nach dem Stadtteil, in dem sie liegt. Mane und Mitti ahnen, dass sie, wenn das Gebäude fertig ist, im Herbst von der Theodor-Storm-Schule in der Gartenstraße hierher wechseln müssen. Dann wäre der Schulweg zwar sehr kurz, aber die Zwillinge fürchten sich schon jetzt vor den neuen Einheimischen aus der Franz-Wiemann-Straße, der Seilerstraße, der Bogenstraße, der Gerberstraße und dem Wernershagener Weg.

Nicht weit von der Baustelle der Schule entfernt, am Wernershagener Weg, liegt auch das Falderabad. Das Schwimmbad, das mit bepflanzten Erdwällen eingefasst ist, besteht aus einem kleinen See, der für Schwimmer und Nichtschwimmer unterteilt ist, sowie einem angrenzenden *Sonnenbad*, einer Liegewiese. Weil der Besuch des Bades Eintrittsgeld kostet, dürfen die Zwillinge nur selten dorthin. Aber eines heißen Sommertages, als Mane und Mitti nach der Schule ausnahmsweise jeder zwanzig Pfennig für den Eintritt erhalten und sie sich im brusttiefen Wasser des Nichtschwimmerbereiches tummeln, kommt vom Sonnenbad her ein junger Mann herübergerannt, dem es wohl bei einer Bolzerei zu heiß geworden ist. Nur wenige Meter von den beiden entfernt, springt er kopfüber ins kalte Wasser.

Während die Zwillinge sich noch wundern, wie lange der tauchen kann, stürmen seine Freunde heran. Einige springen ebenfalls ins Wasser und suchen ihren Kameraden, andere schreien laut nach dem Bademeister, der, schon mit einer langen Stange in der Hand, angelaufen kommt. Nach einigen Minuten haben sie ihn. Mane und Mitti sehen mit Schrecken, dass der Junge blau im Gesicht ist und sich nicht mehr rührt. Beim Eintauchen in das kalte Wasser hatte er einen Hitzschlag bekommen und war ertrunken.

Der Schock sitzt noch nach Tagen sehr tief bei Mane und Mitti.

In diesem Sommer ist bei den etwa zehn Jungen im Lager, die im Alter der Zwillinge sind, Indianer spielen angesagt.

Es werden Gänse- und Hühnerfedern mit den Kielen auf Pappstreifen geklebt und diese dann um den Kopf gebunden. Die Gesichter werden mit angefeuchteten farbigen Kreidestiften bemalt und so manch ausrangiertes Kleidungsstück der Eltern eignet sich hervorragend als Indianertracht.

Natürlich braucht jeder Indianer auch einen Flitzebogen und einen Köcher mit Pfeilen. Also werden aus Büschen und Bäumen biegsame Äste herausgeschnitten und mit einem Stück Segelband gespannt. Die dünnen Pfeile werden an ihrer Spitze mit Kupferdraht umwickelt, damit sie zielgenau durch die Luft fliegen.

So kämpfen tagelang die Sioux gegen die Apachen.

Bis eines Abends in der Dämmerung der Apache Mane beobachtet, wie ein Sioux mit Pfeil und Bogen hinterrücks auf Mitti, ebenfalls Apache, zielt. Mit einem geistesgegenwärtigen Sprung schubst Mane Mitti zur Seite, mit dem Erfolg, dass der Pfeil ihn selbst mit voller Wucht ins linke Auge trifft. Die Verletzung ist so schwer, dass Klaus auf ärztlichen Rat hin noch in derselben Nacht mit Mane per Taxi von Neumünster in die Universitätsaugenklinik nach Kiel fahren muss. Mane wird noch in der Nacht operiert, sonst, sagen die Ärzte, wäre er auf dem linken Auge blind geworden.

Trotzdem liegt Mane danach noch neun Wochen mit verbundenen Augen stramm auf dem Rücken und darf sich nicht bewegen. Anschließend trägt er noch vier Wochen eine *Lochbrille* und muss wieder laufen lernen, da er die jetzt steifen Beine nicht mehr richtig unter Kontrolle hat. Die Lochbrille lässt, wie der Name schon sagt, das Licht nur durch ein millimetergroßes Loch auf die Pupillen fallen. Nach vier Monaten kann Mane erst wieder richtig sehen und wird mit großem Tamtam aus dem Krankenhaus abgeholt.

Mit dem Indianerpiel ist es im Lager vorbei. Jetzt wird "Inka" gespielt und mit Lanzen, Messern, Holzschwertern und Schilden aufgerüstet. Die Jungs wissen natürlich nicht genau, wie die Inka Südamerikas ausgesehen haben, aber sie fühlen sich wie welche. Die Schilde aus Sperrholz werden bunt bemalt und die Lanzenstöcke mit Bast und Stoffstreifen umwickelt. Auf den Köpfen tragen sie bunte Kopftücher, die hinten mit einem großen Knoten zusammengebunden sind und deren Enden bis auf die Schultern reichen. Und so kämpfen nach der Schule wieder wochenlang die Inka gegen die Azteken mit allem, was sie haben.
Ungefährlicher als Indianer spielen ist das eigentlich auch nicht.

An einem Sonntagvormittag im Herbst fährt überraschend ein schwarzer Opel Kapitän auf den Lagerhof und hält vor der Baracke von Meta und Klaus. Ihm entsteigt ein etwa vierzigjähriger Mann im gut sitzenden Anzug. Klaus, der aus der Wohnungstür herausgetreten ist, begrüßt ihn erfreut und herzlich mit „Werner".

Mane, Mitti und Butzi können sich an dessen Straßenkreuzer gar nicht sattsehen und Werner erklärt ihnen das Armaturenbrett mit dem großen Tachometer und die Dreigang-Lenkradschaltung. Zuletzt muss selbstverständlich noch der Sechszylinder unter der langen Motorhaube fachmännisch begutachtet werden, denn die Jungs sind ausgesprochene Autonarren.

Danach werden die Kinder zum Spielen geschickt, Klaus begibt sich mit Werner in die Wohnküche. Die Schwester Ilse, die im Schlafzimmer bleiben muss, hört durch die dünne Holztür jedes Wort der Unterhaltung und erzählt ihren Brüdern später alles.

Demnach ist Werner ein alter Kriegskamerad von Klaus. Beide hatten zusammen ihre militärische Fliegerausbildung gemacht und sich auch während des Krieges bei Lehrgängen, zuletzt in Warschau 1944, wiedergesehen. Werner hat nun mit anderen ehemaligen Soldaten den Auftrag, die von den Amerikanern geforderte Wiederbewaffnung der Bundesrepublik vorzubereiten. Er bat Klaus eindringlich, seine Fähigkeiten doch der neu zu bildenden Luftwaffe zur Verfügung zu stellen. Ihm stünde eine bedeutende militärische Karriere bevor.

Doch Klaus wollte nicht mehr. Er hatte zu viel Elend und Tod im Krieg erlebt. Abends im Bett hören die Kinder, wie Klaus sagt: „Diese Etappenhengste. Jetzt, wo keine Kugeln mehr pfeifen, sind sie wieder da und spielen die Helden."

Klaus bleibt noch gut drei Jahre als Zivilist bei der englischen Garnison und repariert Funkgeräte. Dabei ist es die Zeit, in der immer wieder Familien das Barackenlager verlassen und mit Hab und Gut ins Rheinland ziehen. Die Familienväter, oft wie Klaus im Krieg ausgebildete Spezialisten, haben dort gut bezahlte Arbeit und eine Wohnung gefunden, denn dort werden Fachkräfte dringend gebraucht. Mane und Mitti, die dabei auch immer Spielkameraden verlieren, würden ebenfalls gerne in dieses für sie ferne Land ziehen, in dem es, nach den überschwänglichen Erzählungen ihrer Freunde, *einfach alles* gibt. Sie können sich das zögerliche Verhalten ihrer Eltern nicht erklären.

ZWÖLFTES KAPITEL
Zigurri

Nun ist es soweit: Die Zwillinge müssen nach den Herbstferien im Oktober 1954 von der Theodor-Storm-Schule in der Gartenstraße zur neuen Falderaschule wechseln, die in unmittelbarer Nachbarschaft zum Barackenlager gebaut wurde. Über die Ferien können sich Mane und Mitti schon gar nicht mehr richtig freuen. Zu sehr beschäftigt sie die Sorge, wie es ihnen wohl in der neuen Klasse ergehen wird. Werden auch die neuen Einheimischen sie wieder wegen ihres gleichen Aussehens peinigen und verhöhnen?

Mane und Mitti sind noch immer nicht auseinanderzuhalten. Von den Schuhen über Ringelsöckchen, Hosen, Hemden, Jacken bis hin zu den Scheiteln ist alles gleich. Ebenfalls gleich ist die Art zu gehen, zu laufen und zu sprechen. Auch die Stimmen ähneln sich so, dass selbst Meta meist nicht unterscheiden kann, wer von beiden gerade spricht. Wenn Mane krank ist, ist Mitti auch krank und wenn Mitti weint, heult Mane mit. Und sie verteidigen einander mit unglaublichem Mut. Aber ihre Charaktere sind doch etwas verschieden, wie sich dann und wann zeigt.

Am ersten Schultag in der Falderaschule kommen die Zwillinge erst auf die letzte Minute vor Stundenbeginn um halb acht an. Sie haben es sich so überlegt: Sie würden genau zum Stundenbeginn in den Klassenraum gehen, damit sich etwaige Schläger, besonders die größeren Einheimischen, nicht noch vor Unterrichtsbeginn auf sie stürzen können. Und in den Pausen würden sie einfach im Klassenraum bleiben, bis sie die Lage einschätzen können.

Als Mane und Mitti die Pavillonreihe mit dem Raum der Klasse 2a erreichen, sind schon alle anderen Mitschüler drinnen und es herrscht ein orkanartiger Geräuschpegel, wohl weil der Lehrer noch nicht da ist.

Sowie Mitti als Erster den Raum betritt, stürzt sich ein großer, kräftiger Bursche auf ihn, packt ihn am Kragen und brüllt: „Was willst du Würstchen denn hier?“

Dabei haut er Mitti mit der Faust in den Bauch. Mitti stöhnt, krümmt sich, sagt aber leise: “Dreh dich doch mal um.“

Der andere ist verdutzt, dreht den Kopf zur Seite und sieht noch einen Mitti; aber nur für den Bruchteil einer Sekunde. Dann trifft ihn Manes kleine, geballte Faust mit der Geschwindigkeit eines Golfballs und genauso hart auf die Oberlippe und zwischen die Zähne, sodass er mit ungläubigen, geweiteten Augen zu Boden stürzt. Während er sich mit einer Hand die blutende Oberlippe hält, fühlt er mit der anderen Hand nach, ob noch alle Zähne da sind.

Manes Knöchel der rechten Hand bluten auch. Inzwischen ist der Rest der Klasse aufgesprungen und bildet einen johlenden Kreis um die drei Kontrahenten. Als sich die Zwillinge mit geballten Fäusten von zwei Seiten drohend über den am Boden liegenden Angreifer beugen, geht die Klassentür auf und der Lehrer ist da - ein junger, sympathischer Mensch, so um die Dreißig.

„Na, Wecker, hast du dich wieder geprügelt? Hast wohl diesmal selbst was abgekriegt? Verzieh dich auf deinen Platz und halt den Rand!“

Und an die Klasse gewandt sagt er: „Übrigens, das sind unsere neuen Mitschüler, Manuel und Michael, wie ihr seht, Zwillinge. Ich hoffe sehr, dass sich die beiden bei uns wohl fühlen werden."

Jetzt erst bemerken die Zwillinge, dass es eine *gemischte* Klasse ist. Besonders die Mädchen mustern sie mit erstaunten, großen Augen, was Mane und Mitti ganz verlegen macht. Mit hochroten Köpfen nehmen sie auf der für sie vorgesehenen Bank Platz.

Noch einige Tage dauern die Schlägereien mit dem Rädelsführer Wecker und seinen Kumpanen vor der Schule, in den Pausen und besonders nach Schulschluss, an. Alle tragen Blessuren davon, was die Achtung der Mädchen nur noch steigert. Die Wecker-Bande begreift schnell: Schlägst du einen Zwilling, hast du automatisch beide geschlagen. Und triffst du dann die Zwillinge mal allein, kriegst du eine solche Abreibung, dass dir *die Zähne im Arsch klappern*, wie es umgangssprachlich zutreffend heißt.

Also schließt Wecker Frieden mit den Zwillingen. Die drei sind in ihrer Altersklasse jetzt die absoluten *Platzhirsche* auf dem Schulhof. Wecker heißt mit Vornamen Herbert, wird aber von allen nur Zigurri genannt. Das liegt wohl an seinem schwarzen, glatt nach hinten gekämmten Haar, seiner etwas dunkleren Gesichtshaut, seiner alten schwarzen Lederjacke, die er ständig trägt, und seinem Bowie-Messer, das er in der Jacke verborgen hält. Er sieht aus wie ein Zigeuner, ist aber keiner. Bis Mane und Mitti kamen, hatten alle Angst vor Zigurri, denn gegen Zahlung von fünfzig Pfennig schlägt er ohne zu zögern anderen die Zähne ein.

Für fünfzig Pfennige bekommt man zwei kleine Flaschen Coca Cola oder eine Sechserpackung Overstolz-Zigaretten.

Klaus lässt sich jeden Abend von den Jungs berichten, was tagsüber alles passiert ist. Als die Zwillinge ihm freudig die Veränderung in der Schule erzählen, lacht er und sagt: „Ja, ja, mit euch beiden hätten wir auch noch den Krieg gewonnen!“

Der Winter 1954/55 bringt wieder große Kälte und viel Schnee. Nach der Schule bis zum Dunkelwerden fahren die Zwillinge mit ihren Schulkameraden Schlitten. Jeder kleine Abhang oder jedes noch so geringe Straßengefälle wird virtuos für Abfahrten genutzt. Oft werden auch vier, fünf Schlitten zu einem Konvoi hintereinander angebunden und vorne müssen die „Schlittenhunde“ abwechselnd ziehen. Dabei nimmt man zunächst Geschwindigkeit auf, um dann plötzlich mit Schwung eine enge Kurve zu ziehen, sodass die Schlitten umkippen und die Jungen im Schnee landen.

Nach ein paar Stunden sind Schuhe und Hosen durchnässt und wenn man sich nicht bewegt, fängt der Frost an, am Gebein zu nagen. Aber solange die Jungs laufen und sich Schneeballschlachten liefern, merken sie nichts davon. Abends kommen sie mit roten Wangen erschöpft, aber glücklich nach Hause.

In diesem Winter ist es Mode, Schneehöhlen zu bauen, die aussehen sollen wie die runden Iglus der Eskimos. Also schippen die Jungs als Erstes einen mannshohen Schneehaufen zusammen und klopfen ihn mit Schaufeln kugelrund. Dann wird der Eingang ausgestochen und damit begonnen, den Schneeberg von innen auszuhöhlen. In der so entstandenen kreisrunden Höhle haben in der Regel vier bis fünf Jungen Platz. In der Mitte wird mit Kerzen ein „Lagerfeuer“ entzündet, und die Jungen fühlen sich wie Roald Amundsen, der Polarforscher, über den sie gerade in der Schule gesprochen haben. Natürlich halten die Iglus nicht lange, denn die Polarforscher klettern gerne oben auf die Iglus, die dann einstürzen. Oder rivalisierende Banden zerstören sie unbemerkt. Dann wird eben eine neue Höhle gebaut.

Eines schönen Wintertages sind die Zwillinge mit ihrem Freund Zigurri dabei, eine besonders große Schneehöhle auf dem Lagerhof zu bauen. Hierbei ist vor allem das Aushöhlen gefährlich, wobei man bis zu den Füßen im Schneehügel steckt, mit einer Handschaufel gräbt und den Schnee hinter sich rausschiebt. Für diese Arbeit, die wirklich Mut erfordert, ist natürlich Mitti prädestiniert. Mane schaufelt vor der Höhle fleißig den Aushub weg.

Nur einmal verlässt er die Baustelle, um kurz in der Toilettenbaracke zu verschwinden. Als er wieder herauskommt, sieht er, wie Zigurri in Panik aus dem Lager läuft. Und dann sieht Mane, dass der Schneeberg eingestürzt und von Mitti nichts mehr zu sehen ist.

Vor Schreck kriegt Mane keinen Ton raus. Er rast zum Schneeberg und gräbt wie von Sinnen mit den Händen, bis er die Schuhe senes Bruders fühlt, sie umklammert und Mitti ruckweise aus dem glücklicherweise noch lockeren Schnee zieht.

Mitti ist ganz weiß im Gesicht und schnappt nach Luft, wie ein Fisch auf den Trockenen. Dann löst sich der Schock bei den Zwillingen und sie heulen lauthals los.

Zigurri hat nachher gesagt, er sei abgehauen, um Hilfe zu holen. Dabei ist er heilfroh, dass die Zwillinge ihm nicht *die Fresse poliert* haben. Schneehöhlen haben Mane und Mitti nie wieder gebaut.

*

DREIZEHNTES KAPITEL

Die Böckler-Siedlung

Im Frühjahr 1955 greift das sogenannte *Barackenräumprogramm* in das Leben der Zwillinge ein. Klaus und Meta hatten es in den vergangenen Jahren nicht geschafft, für die Familie eine Wohnung in einem richtigen Haus zu finden. Sie sind durch die Kriegserlebnisse und die Vertreibung aus der Heimat tief traumatisiert, und es fehlt beiden an Initiative und Mut, Veränderungen herbeizuführen.

Doch nun wird ihnen der Schritt abgenommen: Der Familie wird eine Wohnung in der Böckler-Siedlung zugewiesen.

Die Siedlung ist auf einem ehemaligen Flugplatz am Rande des Stadtwaldes völlig neu entstanden. In den Hausfluren sind kleine Messingschilder mit der Aufschrift angebracht:

D*ieses Haus wurde aus Mitteln des Marshall-Plans gebaut*. Am Rande der Siedlung stehen noch zwei mächtige Flugzeughallen mit großen Vorplätzen aus Betonplatten. Die englische Garnison lagert darin Material und Munition, weswegen die Hallen stets bewacht werden.

Mane und Mitti, die schon lange unter der Flüchtlings- und Barackenkinder-Rolle leiden, sind begeistert von der neuen Wohnung. Sie hat zweieinhalb Zimmer, eine Küche mit einem Gasherd und ein Badezimmer mit Wanne und Toilette. Obwohl sechs Personen in der nur sechsundfünfzig Quadratmeter großen Wohnung untergebracht sind, ist es für die Zwillinge der pure Luxus. Sie müssen nun nicht mehr nachts über den dunklen Hof zur Toilettenbaracke laufen!

Erna, die nach der Rückkehr von Klaus 1947 zu einer Kriegerwitwe in die Nachbarbaracke gezogen war, um weiterhin engen Kontakt zur Familie ihrer Schwester zu haben, bezieht ebenfalls eine Anderthalb-Zimmer-Wohnung in der Böckler-Siedlung.

Natürlich führt der Schulweg für Mane und Mitti jetzt zwar wieder ziemlich weit durch *Feindesland*, doch die Zwillinge sind jetzt zehn Jahre alt und können sich ganz gut behaupten. Wegen ihres Aussehens werden sie von den Einheimischen noch ständig *beglotzt*, zu Raufereien kommt es aber immer seltener.

Die englische Einheit GSO wird im Jahre 1957 aus der Garnison in der Färberstraße abgezogen. Klaus hat jetzt eine Arbeit in Kiel gefunden und muss täglich mit der Eisenbahn hin- und herfahren. Bei der Firma in Kiel repariert Klaus Schiffsfunkgeräte. Wenn die Schiffe im Hafen liegen und die Geräte bis zum Auslaufen fertig sein müssen, arbeitet er oft bis tief in die Nacht. Die Zwillinge bekommen deshalb ihren Vater in der Woche kaum noch zu sehen. Klaus ist mit der neuen Arbeit und dem Verdienst nicht zufrieden und denkt oft an Werners Angebot von vor drei Jahren, zur neuen Wehrmacht zu kommen. Manchmal zahlt sich Pazifismus eben doch nicht aus!

In der Böckler-Siedlung wird noch eifrig an weiteren neuen Straßen und Wohnblöcken gearbeitet. Bei dem Bau der Wohnhäuser wird unter anderem gelöschter Kalk benötigt. Dieser wird regelmäßig direkt an den Neubauten in sogenannten Karbidgruben hergestellt. In den Gruben wird gebrannter Kalk mit Wasser übergossen und so gelöscht. Bei diesem Prozess brodelt und dampft es.

Die Zwillinge haben zusammen mit einigen Nachbarsjungen einen spannenden Zeitvertreib entdeckt. Sie nehmen vom Rand der Karbidgruben einige Klumpen gebrannten Kalk, tun diese in mitgebrachte Flaschen, füllen Wasser drauf und verschließen die Flaschen fest mit Stöpseln aus Holz. Dann stellen sie die Flaschen oben auf einen Stapel Mauersteine und gehen hinter einem Kieshaufen in Deckung. Nach kurzer Zeit rumst es gewaltig, und die Flasche ist explodiert!

Beim nächsten Experiment kann der neugierige Mitti nicht abwarten und lugt über den Kieshaufen. Mane bemerkt im letzten Moment, dass sein Bruder den Kopf über die Deckung gehoben hat. Er greift nach Mittis Pullover und zieht ihn blitzschnell nach unten. In dieser Zehntelsekunde explodiert die Flasche und ein großes Glasstück trifft Mitti noch an der Stirn, dass das Blut nur so strömt.

Als die Bauarbeiter das Unglück bemerken, kommen sie mit lautem Fluchen angerannt. „Seid ihr Bengels verrückt, wollt ihr blind werden, oder was?“

Wenn Mittis Kopf nur einige Zentimeter höher herausgeragt hätte, wäre die Katastrophe perfekt gewesen. Mitti weiß, was er Mane zu verdanken hat. Ab sofort werden die Karbidgruben von den Bauarbeitern eingezäunt und abends mit Holzbohlen abgedeckt.

Mittis Stirnwunde muss mit drei Stichen genäht werden.

*

VIERZEHNTES KAPITEL
Schulszenen II

In den vergangenen vier Schuljahren hat sich herausgestellt, dass Mane besser rechnen und schreiben kann als Mitti; der wiederum kann besser vorlesen und besonders gut Gedichte aufsagen.

Der sympathische Klassenlehrer lässt im Deutschunterricht als Hausaufgabe regelmäßig Gedichte auswendig lernen und am nächsten Tag vortragen. Dabei kommen erst ein oder zwei Freiwillige dran und dann drei bis vier, die sich nicht melden oder sich sogar wegducken. Für Mane, der beim Sprechen leider oft anstößt, eine rechte Folter. Die Zwillinge tüfteln ein System aus, wie Mane seinen seelischen Qualen entgehen kann.

Der Klassenlehrer kann die Zwillinge selbstverständlich auch nicht auseinanderhalten. Er weiß nur, dass, von ihm aus gesehen, Mane links und Mitti rechts sitzt. Und er hat die Zwillinge beim Gedichtvortragen noch nie hintereinander drangenommen. Also tauschen sie vor jeder Deutschstunde die Plätze. So meldet sich einmal Mitti und am nächsten Tag Mane freiwillig zum Vortragen. Aber es ist beide Male Mitti! Das Mane und Mitti bei Rechenarbeiten *zufällig* immer die gleichen Fehler machen, merkt der Lehrer schon, und er droht auch ein paar Mal damit, die beiden für die Dauer von Klassenarbeiten auseinander zu setzen, drückt aber letztlich doch immer ein Auge zu.

Der Musiklehrer wird von allen Schülern nur „Maria Callas“ genannt. Er bringt zu jeder Musikstunde neben seiner Geige ein Kofferschallplattengerät mit und legt immer große schwarze Langspielplatten mit klassischer Musik auf - vorzugsweise mit Maria Callas. Dabei sitzt er verzückt da und erklärt der Klasse zum hundertsten Mal, welch göttliche Stimme das ist. Im Unterricht selbst ist er streng und kann sich über den Schabernack, den die Jungen mit den Mädchen treiben, unheimlich ärgern. Dann greift er zu seinem Geigenbogen und schlägt nach den Burschen. Die aber rutschen blitzschnell vom Stuhl herunter, so dass der Geigenbogen auf die Lehne knallt und wieder einmal zerbricht. Der Bogen ist schon an fünf Stellen mit feinem Draht umwickelt.

Wenn es vor den Zeugnissen zum obligatorischen Vorsingen kommt, teilt sich die Klasse in drei Kategorien: Die Mädchen trällern wie Nachtigallen, einige Jungen brummen wie übel gelaunte Bären und der dritte Teil weigert sich einfach zu singen mit dem Ergebnis: „Sechs, setzen.“

Mane und Mitti gehören zur dritten Gruppe.

Der Biologielehrer ist ein Pädagoge, wie er im Buche steht. Er steht kurz vor seiner Pensionierung, aber wirkt trotz seiner weißen Haare viel jünger. Seine lebendigen Augen spiegeln die Begeisterung für die Fauna und Flora des Landes sowie für die Tier- und Pflanzenwelt im Allgemeinen wider. Er gibt sich große Mühe dem Desinteresse einzelner Schüler entgegenzuwirken, die herumschwatzen und nicht bei der Sache sind. Er unterbricht dann seinen Vortrag und bittet den Schwätzer, wichtige Punkte zu wiederholen oder eine präzise Frage zu beantworten.

Gerade legt der Biolehrer sehr anschaulich die Eigenschafschaften und die Unterschiede im Körperbau von Braun- und Eisbären dar. Aber Zigurri hört nicht zu. Er dreht sich ständig zu den hinter ihm sitzenden Mädchen um und bringt diese durch Bemerkungen laufend zum Kichern.

Der Lehrer hält plötzlich inne und sagt nach einer kleinen Pause zu Zigurri: „Wecker, ich hoffe, du hast gut aufgepasst! Also, woran erkennt man, abgesehen von der Fellfarbe, einen Eisbären?“

Zigurri hat zwar von den Ausführungen des Biolehrers nichts mitbekommen, antwortet aber wie aus der Pistole geschossen: „Am dicken Arsch!“

Nach einer Schrecksekunde prustet die Klasse los.

Es ist das einzige Mal, dass der Biolehrer Tränen in den Augen hat.

Die Fünf in Musik kompensieren die Zwillinge spielend durch die Eins im Sport. Sie laufen so schnell und springen so weit und hoch, dass der Sportlehrer sie zu seinen Lieblingen erklärt. In diesem Fach sind sie wirklich die Besten!

Manchmal sticht die beiden auch der Hafer und sie werden großkotzig. Dann lassen sie beim Hundert-Meter-Lauf die anderen auf den ersten dreißig Metern absichtlich vorweglaufen, um sie dann wie die Rennpferde zu überholen. Schon mit dreizehn Jahren laufen Mane und Mitti die hundert Meter in 13,1 Sekunden! Und das ohne die modernen Spikes-Schuhe, wie sie einige Einheimische haben.

FÜNFZEHNTES KAPITEL
Der alte Mann und seine Tiere

Der tägliche Schulweg der Zwillinge führt auch einige hundert Meter durch den Wernershagener Weg, bevor sie dann nach links in Richtung Franz-Wiemann-Straße abbiegen müssen. An dieser Wegstrecke steht ein altes Einfamilienhaus, in dem ein kleiner alter Mann scheinbar allein wohnt. An manchen Tagen nach der Schule begegnet er Mane und Mitti mit seinem Gefährt. Er führt einen einachsigen Handwagen mit gummibereiften Speichenrädern und hat vorne einen großen, kräftigen Schäferhund wie ein Pferd eingespannt, der den Wagen zieht. Auf dem Wagen transportiert der alte Mann Grünfutter für seine Kaninchen, daneben Rübenabfälle und Kartoffelschalen für seine beiden Schweine.

Mane und Mitti bleiben hin und wieder stehen und betrachten das seltsame Gefährt. Sie sehen, dass sich der Hund augenscheinlich begeistert ins Zeug legt, und kommen darüber mit dem alten Mann oft ins Gespräch. Fast regelmäßig gehen sie nun auf dem Heimweg um das Haus des alten Herrn herum zu dem Hundezwinger und füttern den freudig bellenden Schäferhund mit aufgespartem Pausenbrot.

Eines Tages nun winkt der alte Herr die Zwillinge zur Haustür. In kläglich gebeugter Haltung steht er da und erzählt, dass er seit gestern einen schweren Hexenschuss hat und sich kaum rühren kann. Da er niemanden sonst hat, der ihm helfen könnte, bittet er die Zwillinge inständig, das Grünzeug für die Kaninchen und die Speiseabfälle für die Schweine heranzuholen und die Tiere zu füttern. Mane und Mitti hören auch schon, wie Max, der Schäferhund, im Zwinger winselt.

Die Zwillinge laufen nach Hause, werfen ihre Schultaschen in die Ecke, erläutern der Mutter kurz die dramatische Situation des alten Herrn und seiner Tiere und sind schon eine halbe Stunde später zurück. Sie holen den schwanzwedelnden Max aus dem Zwinger, legen ihm den Ziehgurt des Handwagens um, und ab geht die Post! Max zieht wie ein Stier, so dass Mane und Mitti nur im Laufschritt mithalten können.

Ganz wie der alte Herr sie eingewiesen hat, fahren sie zunächst auf eine Wiese an der Schwale, wo sie mit einer Sichel Gras und Löwenzahn schneiden. Dann geht es weiter zum Kindergarten am Ende der Flensburger Straße, wo zwei Eimer Küchenabfälle und Speisereste bereitstehen. Nach der Rückkehr füttern die Zwillinge die Tiere und fühlen sich wie die Tierpfleger in Hagenbecks Zoo.

Mit großer Begeisterung helfen Mane und Mitti dem alten Herrn eine Woche lang. Der ist so gerührt und dankbar, dass er beiden je einen großen silbernen Maria-Theresien-Taler aus seiner Sammlung schenkt. Die werden zu Hause vom Vater sorgsam in einer Schatulle verwahrt.

*

SECHZEHNTES KAPITEL

Mode und Mädchen

Inzwischen sind die Zwillinge in der sechsten Klasse. Die Falderaschule ist eine Volksschule. Obwohl Mane und Mitti pfiffig sind, besuchen sie nicht eine Mittel- oder Oberschule. Das liegt daran, dass ihre Schwester Ilse und ihr Bruder Axel, der jetzt nicht mehr Butzi genannt werden will, auf die Oberschule gehen. Und trotz der jedes Jahr beantragten und genehmigten Lernmittelfreiheit fallen doch beträchtliche zusätzliche Kosten für Schulmaterial an. Also beschlossen die Eltern, die Zwillinge bleiben auf der Volksschule. Mane und Mitti finden das auch gut so, bleiben sie doch mit ihren Kumpels zusammen. Und die hochnäsigen Mittel- und Oberschüler mag ja sowieso keiner!

Ab dem elften oder spätestens ab dem zwölften Lebensjahr tragen alle Jungen in Frühjahr, Sommer und Herbst kurze Lederhosen, egal wie kalt oder warm es ist. Natürlich auch Mane und Mitti. Die Lederhosen werden jeden Tag von morgens bis abends getragen und wenn es ginge, auch noch nachts. Sie sind ein unbedingtes Muss! Dabei dürfen die Lederhosen, die ja beim Kauf neu sind, auf keinen Fall neu aussehen. Sie müssen speckig und schon lange getragen aussehen. Also werden die neuen Lederhosen, die so herrlich nach Leder duften, mit Margarine, Schmalz und Nähmaschinenöl bearbeitet, bis sie wie Speckschwarten glänzen. Jetzt sind sie richtig!

Die Lederhosen haben vorne eine Klappe, von den Jungen auch *Laden* genannt, die man herunterlassen kann, wenn es

um das kleine Geschäft geht. An der rechten Hosenseite ist ein Futteral eingearbeitet, in dem das obligatorische Fahrtenmesser steckt. Selbstverständlich darf die Lederhose niemals durch einen Gürtel oder gar Hosenträger *entehrt* werden. Die ist eben nur was für richtige Jungs.
Wenn es warm ist, tragen die Zwillinge am Oberkörper sogenannte *Nickipullis* und ansonsten Rollkragenpullover. Und an den Füßen immer nur Söckchen - Kniestrümpfe sind was für Weicheier.

Im April 1958 beginnt für die Zwillinge das 7. Schuljahr und die Klasse bekommt Zuwachs. Ein bildhübsches Mädchen wird als Annette vorgestellt und erhält den Platz einer Sitzenbleiberin in der ersten Reihe. Sie ist französischer Abstammung und sieht auch genau so aus. Lange schwarze Haare, große braune Rehaugen, dunkler Teint, strahlend weiße Zähne und ein betörendes Lächeln. Der Traum der dreizehn- und vierzehnjährigen Jungen!

Annettes Wirkung auf die *Männerwelt* in der Klasse ist entsprechend beeindruckend: Raufbolde werden zu Gentlemen mit einer Wortwahl, die man ihnen nicht zugetraut hätte. Andere treten auf wie Napoleon nach der Schlacht von Austerlitz und wieder andere verhauen die, die augenscheinlich bei Annette einen Schlag haben. Ihre liebreizende Erscheinung hat eine große erzieherische Wirkung, denn die Jungs waschen sich jetzt die Hälse, kämmen sich die Haare und achten auf ordentliche Kleidung!

Mane und Mitti können ihre Augen ebenfalls nicht von Annette lassen. Und auch Annette schaut oft zu den Zwillingen, wohl aus Verwunderung über ihr gleiches Aussehen.

Natürlich ist es Mitti, der sich an Annette heranmacht. Zur Freude des eifersüchtigen Mane jedoch mit mäßigem Erfolg. Mehr als *Platz freihalten* bei Filmvorführungen im Biologie- und Erdkundeunterricht ist nicht drin

*

SIEBZEHNTES KAPITEL

Kartoffelferien

In den Herbstferien wollen die Zwillinge zum ersten Mal zum Kartoffelsammeln aufs Land. Ein Schulfreund, den sie Starmatz nennen, ein untersetzter, kräftiger Bursche, war letztes Jahr schon dabei und will sie mitnehmen. Es soll sechs Mark am Tag geben, also für vierzehn Tage vierundachtzig Mark. Dafür bekommt man fast ein Fahrrad der Marke *Vaterland.*

Morgens um sechs Uhr geht es los. Mane und Mitti haben bis jetzt jeder nur eine alte Gurke, quietschende Damenräder ohne Querstange, wie sie Herrenräder haben. Nur gut, dass es noch fast dunkel ist! Auch ist es morgens schon sehr kalt, es liegt Raureif in den Vorgärten. Starmatz mit seinem ekelhaft neuen Fahrrad fährt voraus. Von der Böckler-Siedlung geht es in südlicher Richtung durch die Stadt auf die Bundesstraße, die nach Bad Segeberg führt. Nach zwölf Kilometern erreichen sie das Dorf Willingrade, das von ausgedehnten Kartoffelfeldern umgeben ist.

Der Bauer heißt Bultmann und Starmatz weiß genau, wo sein Feld ist und an welchem Knick sie die Fahrräder abstellen müssen. Als sie ankommen, sind schon fünf bis sechs andere Jungen im gleichen Alter da.

Der Bauer und ein Knecht haben bereits in der Morgendämmerung auf dem lang gestreckten Acker so dreißig bis vierzig Kartoffelreihen mit dem Bulldog und einer angehängten Maschine aufgeworfen, so dass das Kraut jetzt unten und die Kartoffeln oben liegen.

Nun kommt der Bauer und inspiziert die Jungs, ob sie auch nicht zu jung oder zu klein sind und gibt auf Plattdeutsch Anweisungen. Die Jungen verstehen trotzdem:

„Jeder eine Reihe, jeder einen Korb und sammelt verdammt noch mal alle Kartoffeln auf! Um Zwölf gibt es Mittag und um Vier Kaffee. Schluss ist um sieben Uhr. Und abends sag ich euch, wer morgen nicht wiederzukommen braucht.“

Das saß!

Also auf die Knie, den Korb voll gesammelt, zum seitwärts mitrückenden Anhänger geschleppt, dort hoch gestemmt und ausgekippt, dann zurück zur Reihe und wieder auf die Knie, den Korb voll gesammelt...

Die Reihen ziehen sich über Hügel und Senken, so dass die Zwillinge das Ende des Feldes gar nicht sehen können. Am Vormittag wird es heiß und eine Staubwolke schwebt über den Jungen. Die Sammler sind unterschiedlich schnell. Während die Zwillinge noch gut Anschluss halten können, hat Starmatz mit seiner Reihe bald einen Rückstand und muss seinen Korb immer länger zum Anhänger schleppen. Jeder schaut beim Ausleeren des Korbes sehnsüchtig zur Knickreihe am Ackerrain, wo ja nun bald die Bäuerin mit dem Fahrrad und dem Essen auf dem Gepäckträger erscheinen muss.

Endlich ist es soweit! Die Bäuerin, eine liebe und mitfühlende Person, ist mit dem großen Fresskorb da. Die Jungs stürzen sich auf die mit Wurst belegten Butterstullen und die kalte Buttermilch. Während die Gruppe im Schatten an der Knickreihe sitzt und schmaust, erhebt sich immer noch eine Staubwolke hinter dem ersten Hügel: Starmatz holt verbissen seinen Rückstand auf. Dann kommt er angewetzt und stopft sich in fünf Minuten seinen Anteil rein. So geht das jeden Tag.

Der Bauer fährt den Bulldog mit Anhänger ständig auf die Höhe der Sammlergruppe weiter, wechselt volle Anhänger aus und kontrolliert, ob die Jungs auch wirklich alle Kartoffeln auflesen oder einige mit den Knien ins Erdreich drücken, um schneller voranzukommen. Stellt er das gelegentlich fest, brüllt er über das ganze Feld: „Bürschchen, di wart gliecks ne Richsmark aftrocken, mak di dat!"

Was wäre das ein Verlust, nach zehn Stunden harter Arbeit nur fünf anstatt sechs *Richsmark.*

Die Jungs ärgern Bauer Bultmann noch auf andere Weise. Der Lanz Bulldog hat an der rechten Seite der Motorhaube eine große Radscheibe, die mit dem Motor gekoppelt ist und immer schnell läuft, wenn der Motor an ist. Mit dieser am äußeren Rand etwa zehn Zentimeter breiten Radscheibe kann über einen Treibriemen zum Beispiel eine Dreschmaschine angetrieben werden.

In diese Radscheibe werfen die Jungs im Vorbeigehen große Kartoffeln, die durch die Zentrifugalkraft innen an den Radkranz gepresst werden und damit unsichtbar sind - solange der Motor läuft. Wenn Bauer Bultmann jedoch den Motor ausmacht und die Radscheibe ihren Schwung verliert und die Zentrifugalkraft nachlässt, dann - tsumm, tsumm, tsumm- fliegen die Kartoffeln wie Geschosse im weiten Bogen heraus. Bauer Bultmann, der gerade vom Bulldog gestiegen ist, wird von einer Kartoffel am verlängerten Rücken getroffen.

Wutentbrannt schnaubt er die geflissentlich sammelnde Jungenschar an: „Schi hebbt wohl nix anners to doun, schi blived hüt all ne Stünd länger!"

Schöner Mist, aber grinsen müssen alle trotzdem.

Mane und Mitti kommen jeden Tag erst im Dunkeln nach Hause. Nach vierzehn Tagen sind sie zwar ziemlich schlapp, aber unendlich stolz. Jeder hat vierundachtzig Mark verdient-für sie ein richtiges Vermögen! Nur mit den neuen Fahrrädern wird es nichts, denn es sind wieder Schuhe und Manchesterhosen für den Winter fällig.

Ohne zu murren liefern die Zwillinge das Geld ab.

*

ACHTZEHNTES KAPITEL
Die Zwitscherviertel-Bande

Im Frühjahr 1959 werden die Schülerzahlen und die Klassengrößen an allen Schulen überprüft. Das hat zur Folge, dass die Zwillinge die Falderaschule verlassen und mit mit Beginn des achten Schuljahres die näher gelegene Johann-Hinrich-Fehrs-Schule in der Wilhelmstraße besuchen müssen.

Diesmal ist der Schulwechsel kein Problem mehr. Die Zwillinge sind mit 1,72 Meter zwar nicht sehr groß, aber *spittelig* und dünn wie früher sind sie auch nicht mehr. Sie sind durchtrainierte Sportlertypen mit bepackten Oberschenkeln und Oberarmen. Jetzt nehmen die Einheimischen vor ihnen Reißaus, wenn es zu ernstzunehmenden Meinungsverschiedenheiten kommt.

Der Schulwechsel erweist sich sogar als Glücksfall, denn die Zwillinge treffen auf eine gute Klassengemeinschaft und auf Lehrer, die keine Ressentiments gegenüber Flüchtlingen haben. Mane und Mitti sprechen sich in der neuen Umgebung jetzt mit Manuel und Michael an. Nur in besonderen Stresssituationen zischen sie sich noch verhalten *Mane* oder *Mitti* zu.

Aber auch an dieser Schule gibt es Dinge, die es nach Meinung der Zwillinge nicht mehr geben sollte. In den Pausen bemerken sie nämlich, dass ein kleiner Junge mit rotblonden Haaren immer abseits steht und wenig Kontakt zu anderen Mitschülern hat. Dafür wird er häufiger von drei, vier größeren Jungen umringt, die ihn hin und her schubsen und verspotten:

„Habt wohl ’ne feuchte Wohnung, dass dir dein Haar rostet.“

Manuel und Michael, die selbst jahrelang verspottet, verhauen und gejagt wurden, können das überhaupt nicht leiden und scheuchen die Drangsalierer auseinander. Hansi, der achtjährige rotblonde Junge, erzählt den Zwillingen, dass er im Meisenweg im *Zwitscherviertel* wohnt und ihm diese Clique auf dem Heimweg ständig auflauert und ihn vertrimmt. Da er ein *Schlüsselkind* ist, können sich seine Eltern, die beide jeden Tag Spätschicht in einer Weberei arbeiten, nur selten um seine Probleme kümmern. Die Zwillinge verabreden mit Hansi, ihn heute auf dem Heimweg zu begleiten.

Sie werden etwa hundert Meter hinter ihm gehen und sehen, was passiert.

Kaum hat Hansi das Zwitscherviertel erreicht, stellen sich ihm in der Nachtigallenstraße die drei Drangsalierer aus der Schulpause in den Weg, schnappen ihn beim Kragen und fangen an, ihn zu ohrfeigen. Als einer von denen die heranstürmenden Zwillinge bemerkt, ertönt sein Schreckensruf: „Die Zwillinge kommen!“

Die drei Feiglinge rennen auseinander. Aber zu spät! Denn Manuel und Michael erwischen je einen und verprügeln ihn.

Dann bringen sie den weinenden Hansi nach Hause. Natürlich ist beiden jetzt klar, was morgen geschehen wird.

Tatsächlich formiert sich am nächsten Tag in der Nachtigallenstraße eine sechsköpfige Zwitscherviertel-Bande, bewaffnet mit Knüppeln und einer sogar mit einer Fahrradkette, die ein absolut gefürchtetes Schlaginstrument ist. Aber die Zwillinge kommen auch nicht allein: Drei entsprechend ausgerüstere Freunde aus der Böckler-Siedlung sind mit von der Partie und wollen der gerechten Sache zum Sieg verhelfen. Die Rauferei ist nur deshalb relativ kurz, weil die Zwitscherviertelbande schnell merkt, dass sie Gefahr läuft, von Hansis wild entschlossenen Verteidigern fürchterliche Haue zu beziehen. Sie geben auf und versprechen unaufgefordert, den Kleinen künftig in Ruhe zu lassen. Und solange Manuel und Michael auf die Johann-Hinrich-Fehrs-Schule gehen, hat Hansi vor diesen Feiglingen Ruhe.

*

NEUNZEHNTES KAPITEL
Freizeit und Arbeit, Zwillingsstudien

Der Sommer ist ein Jahrhundertsommer. Fast acht Wochen lang brennt die Sonne vom blauen Himmel. In jeder freien Minute, und in den Ferien sowieso, bolzen die Zwillinge mit Schulfreunden und Nachbarsjungen auf dem Jugendspielplatz, einem großen städtischen Sandplatz mit Fußballfeldern. Es finden sich jeden Tag etwa fünfzehn bis zwanzig Jungen ein. Bei der Mannschaftswahl achten die anderen Fußballer immer darauf, dass Manuel und Michael nicht in einer Mannschaft spielen und wählen sie auseinander. Denn wenn die Zwillinge in derselben Mannschaft sind, hat die andere fast immer das Nachsehen. Gegen ihre Schnelligkeit und Kondition ist, zumindest hier, kein Kraut gewachsen.

Eines Tages sitzt ein Mann mittleren Alters auf einer Bank am Spielfeldrand und schaut interessiert zu. In der Halbzeitpause spricht er die Zwillinge an: „Mensch, ihr seid wirklich gut! Aus euch könnte mal was werden. Ich betreue bei Werder Bremen eine Jugendmannschaft. Ihr könntet sofort bei uns mitspielen."

Manuel und Michael sind mächtig stolz und rennen an diesem Tag noch mehr als sonst.

Zunehmend müssen in letzter Zeit einige Mitspieler am späten Nachmittag zu Hause sein. Nicht nur die Zwillinge wissen, die Eltern haben sich einen Fernseher angeschafft und um diese Zeit beginnt das Programm mit Werbung.

Was sind das für Weicheier!

Die Zwillinge haben keinen Fernseher zu Hause. Wenn sie abends abgekämpft heimkommen, wird zuerst aus einer großen braunen Tüte weißer Zucker mit Esslöffeln reingeschaufelt. Nach dem Umziehen wird dann das Radio angestellt. Ein alter Volksempfänger aus den Dritten Reich. Es ist ein viereckiger Kasten aus Bakelit, vorne mit einer halbrunden, beleuchteten Senderskala. Unter lautem Pfeifen und Quietschen wird der Sender *Hilversum* gesucht. Zwar verstehen Manuel und Michael nur wenig Holländisch, aber die Musik ist gut!

In den Herbstferien geht es mit Starmatz wieder zum Kartoffelsammeln zu Bauer Bultmann nach Willingrade. Die Zwillinge fahren immer noch mit den inzwischen schwarz gestrichenen Damenrädern. Der Lohn beträgt jetzt acht Mark am Tag. Aber neue Herrenfahrräder sind immer noch nicht drin.

Im Winter 1960 verändern sich die Zwillinge. Zehn Jahre Lagerleben und die erlittenen Diskriminierungen als Flüchtlinge und Habenichtse haben Spuren hinterlassen. Dazu das ständige Auffallen als eineiige Zwillinge und dass sie immer und überall *beglotzt* werden. Manuel und Michael wissen natürlich, dass sie solche Dinge wie ihre Gesichter, ihre Stimmen und ihre Gangart nicht verändern können. Also beginnen sie, sich unterschiedlich anzuziehen und wo immer es geht, nicht mehr nebeneinander zu stehen oder zu gehen. Sie sind regelrecht menschenscheu geworden und meiden Menschenansammlungen an Bushaltestellen, in Kaufhäusern oder bei Sportveranstaltungen. Die Zwillinge lieben deshalb die dunkle Jahreszeit, in der sie zusammen, aber fast anonym, im

Lichterglanz der Neonreklamen durch die Geschäftsstraßen flanieren und Schaufenster anschauen können.

So stehen Manuel und Michael eines Abends vor dem hell erleuchteten Schaufenster der Firma Brinkmann am Großflecken und betrachten ausgiebig die ausgestellten Plattenspieler und Stereoanlagen. Ihnen entgeht dabei nicht, dass ein Mann, vielleicht Ende Zwanzig, sie schon eine Weile beobachtet, was sie wie immer nervt. Gerade als sie weitergehen wollen, geht der Mann auf sie zu und spricht sie an.

Er heißt Thomas, ist Student an der Hamburger Universität und schreibt gerade seine Doktorarbeit auf dem Gebiet der Anthropologie, der Abstammungs-, Rassen- und Vererbungslehre. Er wäre glücklich, wenn er mit den eineiigen Zwillingen einige Versuche machen könnte, die ihm für seine Dissertation sehr hilfreich wären. Den Zwillingen ist das zunächst nicht geheuer, aber dann lassen sie sich überzeugen und verabreden sich mit Thomas für den nächsten Tag um drei Uhr in seiner Studentenbude.

In die Zimmermitte hat Thomas einen Tisch gestellt, den zwei aufrecht aufgestellte Schubladen in zwei Hälften unterteilen, sodass sich Manuel und Michael, die einander gegenüber Platz nehmen, nicht sehen können. Er hat Aufgaben vorbereitet, die er von den Zwillingen zeitgleich, jedoch optisch voneinander getrennt, schriftlich lösen lassen wird.

In einer Woche will Thomas den beiden dann seine Analysen und Erkenntnisse erläutern.

Als Erstes kommen drei Denksportaufgaben dran, welche die Zwillinge relativ schnell lösen. Michael ist einige Minuten früher fertig als Manuel. Als Zweites sind vier umfängliche Mathematikaufgaben zu bearbeiten, mit denen Michael wieder etwas schneller durch ist. Dann gibt Thomas den beiden je ein weißes Zeichenblatt DIN A3 und bittet sie, in fünfundvierzig Minuten mit Blei- und Buntstiften ein Bild zu malen, das ihrer persönlichen Vorliebe und der jetzigen Stimmung entspricht.

Die ganze Prozedur dauert zweieinhalb Stunden und man merkt Thomas die Freude darüber an, dass die Zwillinge bereitwillig mitarbeiten.

In einer Woche werden sie sich wiedersehen.

Manuel und Michael sind zum verabredeten Zeitpunkt wieder da, denn es interessiert sie sehr, was Thomas da herausgefunden haben könnte. Seine Analyse ist viele Seiten stark und so beschränkt er sich, nachdem er seine methodische Vorgehensweise bei der Auswertung erläutert hat, auf das Wesentliche: „Michael", beginnt er, „du gehst forsch, fast aggressiv an Probleme heran, neigst zu schnellen Entscheidungen und bist sehr risikobereit. Dabei bist du oft oberflächlich und machst Fehler. Deine Denkweise ist schnörkellos und gradlinig, was man besonders gut an deiner Zeichnung sieht. Die perspektivisch exakt zulaufenden Straßen und Häuserreihen sprechen für sich."

Thomas macht eine Pause, blättert in seinen Unterlagen und wendet sich dann an Manuel: „Du, Manuel, bist ganz anders. Du bist zurückhaltend und wägst deine Entschlüsse sorgfältig ab. Du arbeitest gründlich und genau. Du bist harmoniebedürftig und gibst bei Konfrontationen lieber mal nach, was auch dein mit weichen Linien gezeichnetes Landschaftsbild widerspiegelt."

Dann steht Thomas auf und legt Manuel und Michael die

Hände auf die Schultern: „Zusammen seid ihr beide fast unschlagbar. Genetisch seid ihr eineiigen Zwillinge absolut identisch, charakterlich jedoch grundverschieden. Und genau dadurch ergänzt ihr euch in perfekter Weise.

Vielen Dank - für meine Doktorarbeit habe ich wichtige Erkenntnisse sammeln und durch euch belegen können."

*

ZWANZIGSTES KAPITEL
Musik und Kino

Seit Monaten hören die Jungs, wo immer es geht, Jazz-Musik. Angetan sind sie besonders vom Dixieland, dem sogenannten weißen Jazz aus Amerika. Im Radio werden ständig die Ohrwürmer zweier Jazzbands, nämlich von Chris Barbers Jazzband und von Papa Bus Viking Jazzband, gespielt. Und bei Titeln wie *Tiger Rag*, *Ice Cream* und *Petite Fleur* von Chris Barber oder *Praise Of Nyboder*, *Beautyfull Dreamer* und *Schlafe, mein Prinzchen* von Papa Bu wippen und swingen die Jungs mit verklärtem Gesichtsausdruck mit.

Auf nachhaltiges Drängen hin, hat Klaus endlich einen Plattenspieler besorgt. Nein, kein neues Gerät, er hat bei einem Bekannten aus einer ausrangierten Musiktruhe den defekten Plattenspielerteil ausgebaut, repariert, mit einer Holzverschalung versehen und an das alte Grundig-3D-Radio angeschlossen. Aber das ist den Jungs egal. Hauptsache, sie können sich jetzt endlich Schallplatten kaufen. Manuel, Michael und Axel kratzen ihr Geld zusammen und kaufen als Erstes zwei Platten von Papa Bus Jazzband. Die kleinen Single-Scheiben sind knallgelb und knallrot und stellen für die Jungs einen Quantensprung in ihrer kulturellen Entwicklung dar.

Aber natürlich ist Jazz-Live-Musik das Allergrößte. Im Lokal *Stadt Rendsburg* in der Nähe des Hauptbahnhofes gibt es regelmäßig Jazz-Konzerte. Die Bude ist jedes Mal gerammelt voll. In den Sommermonaten werden deshalb die Fenster geöffnet. Dann stehen Trauben junger Menschen bis tief in die lauen Nächte hinein vor den Fenstern und swingen, singen oder tanzen, viele auch mit einer Flasche Bier in der Hand. Manuel, Michael und Axel sind oft mit von der Partie. Axel ist dann immer ganz stolz, weil er sich als fast Achtzehnjähriger auch schon ein Bier genehmigen darf.

Für die Zwillinge und Axel sind die Jahre 1960/61 auch die große Kinozeit. Klaus und Meta wollen sich partout keinen Fernseher anschaffen. Lieber geben sie den Jungs jeden Sonnabend fünf Mark für das Kino. Die drei informieren sich schon in der Woche, wo welcher Film läuft, und marschieren dann spätestens um achtzehn Uhr los. Am liebsten gehen sie ins *Capitol* am Kuhberg. Dort herrscht noch echte Theateratmosphäre mit Vorfilm, Wochenschau, Eispause und Hauptfilm.

Axel und die Zwillinge nehmen immer den zweiten Rang, der die Sitzreihen vier bis elf umfasst. Die Karte kostet eine Mark sechzig, mal drei macht vier Mark achtzig und für die restlichen zwanzig Pfennig wird ein Programm gekauft.

Die Jungs sind stolz, im zweiten Rang zu sitzen und sind immer früh da, um beim Einlass unter den Ersten zu sein und so Plätze in der elften Reihe zu ergattern. Die Sitze im ersten Rang, also in den ersten drei Reihen, heißen *Rasiersitze*, weil man so steil nach oben auf die Leinwand schauen muss, dass man automatisch in eine fast liegende Stellung rutscht.

Natürlich sitzt Axel immer in der Mitte, so haben Manuel und Michael nicht das Gefühl, dass alle Kinobesucher sie auf Anhieb als Zwillinge erkennen.

EINUNDZWANZIGSTES KAPITEL
Der Ernst des Lebens und die Liebe

Ende des Jahres steht die Entscheidung in der Berufswahl an. Die Schulklasse geht geschlossen zur Berufsberatung ins Arbeitsamt. Es finden keine Einzelberatungen statt, sondern ein freundlicher Berater gibt einen Überblick über die verschiedenen Berufe und macht dann den Fehler, in die Klasse hinein zu fragen: „Na, Jungs, was wollt ihr denn nun werden?" Nach einer Sekunde Stille tönt es aus der hintersten Ecke:

„Bezirksbefruchter!"

Lautes grölendes Gelächter ist die Folge und die Veranstaltung endet abrupt.

Die Zwillinge neigen beide zu einer qualifizierten kaufmännischen Lehre. Aber mit einem Volksschulabschluss allein, auch wenn die Zensuren recht gut sind, ist es schwierig.

Gemeinsam mit den Eltern entscheiden sie sich deshalb, die zweijährige Handelsschule zu besuchen. Diese liegt in der Holstenstraße, die vom Großflecken im Stadtzentrum abgeht. Manuel und Michael bestehen die Aufnahmeprüfung ohne Probleme. Die Klasse setzt sich aus acht jungen Männern und vierzehn zum Teil gut entwickelten jungen Damen zusammen. Es dauert einige Monate, bis die scheuen Zwillinge mit der Klasse warm werden, und dann ist es natürlich Michael, der sich mit einem wirklich hübschen Mädchen anfreundet.

Das führt zu ungeahnten Problemen. Denn nach wie vor bilden die Zwillinge ein Tandem, dass heißt, sie machen fast alles gemeinsam, zum Beispiel Kinobesuche oder Treffen mit anderen Handelsschülern zwecks gegenseitiger Hilfe vor Klausuren. Nichts anderes sind die Eltern gewöhnt. Nun will Michael mit seiner Monika verständlicherweise abends allein losziehen. Und was macht Manuel in der Zeit? Während Michael mit Monika in der warmen elterlichen Wohnung herumknutscht, läuft er durch die Stadt und friert sich buchstäblich den Arsch ab. Und wenn die Zwillinge dann zu Hause sind, liegt Michael mit versonnenem Blick im Bett und fragt Manuel auch noch, ob es in der Stadt schön war!

Die Zwillinge absolvieren die Handelsschule mit gutem Erfolg. In allen wichtigen Fächern liegen sie deutlich über dem Klassendurchschnitt. Und die guten Abschlusszeugnisse unterschreibt sogar der Oberbürgermeister der Stadt Neumünster. Auch in ihrer Persönlichkeit haben beide sichtbare Fortschritte gemacht. Sie lieben ihre grauen Trevira-Anzüge, die weißen Nyltest-Hemden und die schwarzen Socken. Im März 1963 sind Manuel und Michael mit knapp achtzehn Jahren noch lange nicht volljährig, doch sie können bald den Führerschein machen und fühlen sich für die kommende Lehrzeit gut gerüstet.

Manuel und Michael finden schnell eine Lehrstelle zum Industriekaufmann, denn der Geburtsjahrgang 1945 ist zahlenmäßig ein schwacher. Die Zwillinge, im Mai geboren, werden oft als letzter Kriegsjahrgang bezeichnet, weil sie offensichtlich das Erzeugnis des letzten Fronturlaubes ihres Vaters sind. Und damals seien die *Zutaten* nicht mehr besonders gut gewesen, wird gespottet und auf die Winzigkeit der *Kommissbrote* bei ihrer Geburt angespielt.

Michael lernt bei der Firma Mehrens, einer Wirkwarenfabrik mit zirka siebenhundert Beschäftigten, von denen bestimmt sechshundert junge Frauen sind. Klar, dass Michael sich als Hahn im Korb fühlt, wenn er als angehender Industriekaufmann mit wichtiger Mine durch die Werkhallen geht.

Manuel hat eine Lehrstelle bei den Stadtwerken gefunden. Das städtische Versorgungsunternehmen hat ebenfalls um die sechshundert Mitarbeiter. Manuel muss als Lehrling in verschiedenen Abteilungen richtig mitarbeiten und Verantwortung tragen, was ja auch die beste Schulung für das spätere Berufsleben ist.

Und so lernen Manuel und Michael, jeder für sich, eine Menge Menschen kennen; ein Umstand, der unerwartet zu erheblichen Komplikationen führt.

Nach nicht langer Zeit wird Manuel zum Personalchef gerufen. Der sonst recht freundliche Mann stellt ihn barsch zur Rede: „Gestern Abend habe ich Sie in der Christianstraße getroffen. Sie schauen mich an und grüßen nicht. So etwas ist mir noch nicht passiert. Sie sind Lehrling hier!“

Manuel wird blass. Die nächsten drei Jahre können ja heiter werden, denn Michael, dem er begegnet ist, kennt natürlich keinen der hunderten von Mitarbeitern seines Unternehmens und Manuel ebenso wenig Michaels Kollegen. Der Personalchef nimmt Manuels Erklärungen mit einem ungläubigen Gesichtsausdruck hin.

Ab sofort sagen die Zwillinge zu jeder Person, mit der sie in ihren Firmen etwas mehr zu tun haben: „Noch etwas ganz Wichtiges, wenn Sie mich mal treffen, und ich grüße Sie nicht, dann bin ich das nicht. Dann ist das mein Zwillingsbruder.“

Trotzdem kommt es noch häufig vor, dass die Leute einen

der beiden herzlich begrüßen und umarmen, um dann den Satz zu hören: „Tut mir leid, ich kenne Sie nicht, ich bin Manuel, nicht Michael.“

Oder umgekehrt.

Michael hat in seiner Firma bald eine Freundin gefunden, mit der er oft nach der Arbeit einige Stunden unterwegs ist. Manuel kennt das Mädchen auch, weil sie, Lisa, ihn mal mit Michael verwechselte und ihm auf offener Straße um den Hals fiel. Von Michael weiß Manuel auch, dass sie mit ihrer Familie, die aus Polen stammt, in der Lütjengasse fünf wohnt und zwei ältere Brüder hat, denen die beiden zusammen lieber nicht begegnen wollen. Denn die mögen es überhaupt nicht, dass ihre kleine Schwester einen deutschen Freund hat.

Eines Tages ist sich Lisa sicher, dass sie *sturmfreie Bude* hat, weil ihre Eltern verreist sind und die Brüder um Sechs zu einem Pokalspiel des VFL gegen St. Pauli gehen wollen. Deshalb verabredet sie sich mit Michael in der elterlichen Wohnung. Was Lisa nicht weiß ist, dass es die beiden Brüder nur bis zur nächsten Kneipe geschafft haben und dort das Eintrittsgeld vertrunken haben. So sind die Brüder schon gegen neunzehn Uhr zurück und treffen auf Lisa und Michael, die sich eiligst ihre Kleidung zurechtzupfen.

Was dann kommt, ist für Michael der reine Horror. Die Brüder fallen über ihn her, verprügeln ihn mächtig und sperren ihn in eine fensterlose Abstellkammer. So gefangen kann er hören, wie die beiden Lisa auf polnisch anbrüllen und ohrfeigen.

Sein Herz will schier zerspringen! Was soll er nur tun? Selbst wenn es ihm gelingen würde, die Tür aufzubrechen, was unwahrscheinlich ist, käme er wohl kaum an den Brüdern vorbei!

Manuel sitzt zu Hause über einer Buchführungsaufgabe für die Berufsschule. Dass Michael noch nicht da ist, wundert ihn nicht, denn der hatte ihm anvertraut, dass er sich heute mit Lisa in ihrer Wohnung treffen würde. Trotzdem wird er plötzlich unruhig und lauscht gespannt in die Stille.

Hat da nicht Michael um Hilfe gerufen? Niemand der anderen Familienmitglieder hat etwas gehört. Aber Manuel spürt instinktiv, dass Michael in Gefahr ist, und zögert keine Sekunde mehr. Er zieht sich den Mantel an, holt aus dem Keller die Geheimwaffe der Zwillinge, einen auf fünfzig Zentimeter Länge abgesägten Spatenstiel, und eilt in die Lütjengasse. Jetzt ist es fast halb acht.

Als Manuel das Treppenhaus betritt, hört er aus einer Wohnung im ersten Stock erhobene Stimmen und lautes Poltern. Er hält den Knüppel mit der rechten Hand hinter seinen Rücken und klingelt an der betreffenden Wohnungstür. Dumpfe Schritte nähern sich und jemand reißt die Tür auf. Die Kerle, beide größer als Manuel, starren ihn an und einer brüllt: „Da ist ja noch mal derselbe und bettelt um Schläge!“

Manuel weiß sofort: Er muss als erster zuschlagen, sonst ist alles verloren. Klaus, ihr Vater, hat den Jungs immer eingeschärft: „Geht, wenn ihr irgend könnt, einer Schlägerei aus dem Weg. Aber wenn sie unausweichlich ist, dann schlagt zuerst zu, und zwar so, dass es reicht!“

Und so macht es Manuel auch. Er rammt dem Ersten, der schon zwei Schritte auf ihn zu gemacht hat, den Knüppel mit beiden Händen in die Magengegend, so dass der nach hinten gegen die Flurwand taumelt und anschließend hinschlägt. Noch bevor sich der andere auf Manuel stürzen kann, kracht es hinter ihm gewaltig. Michael, der hört, dass sein Zwillingsbruder da ist, wirft sich von innen gegen die Tür der Abstellkammer und sprengt sie aus ihren Angeln. Michael, dessen Lippen bluten, nimmt den jetzt verunsicherten zweiten Kerl wutentbrannt in den Schwitzkasten und Manuel tritt ihm eins in den *Verteilerkasten*, dass er zusammensackt.

Michael nimmt Jacke und Mantel unter den Arm und dann jagen die Zwillinge die Treppe hinunter, durch die Lütjengasse und über den Kleinflecken in Richtung Böckler-Siedlung. Lisa kommt vom nächsten Tag an nicht mehr zur Arbeit und die Zwillinge meiden lange Zeit den Stadtbezirk um den Kleinflecken.

*

ZWEIUNDZWANZIGSTES KAPITEL
Autoträume

Klaus und Meta ermöglichen es 1964 einem der Zwillinge, den Führerschein zu machen. Im nächsten Jahr soll dann der andere dran sein. Natürlich lässt Manuel seinem Bruder den Vortritt und deshalb hat Michael seit einem Vierteljahr den Führerschein.

Die Berufsschultage sind für die Zwillinge herrliche Tage, weil sie ganztägig zusammen sind und viel unternehmen können. Der Unterrichtsstoff ist ihnen aus der Handelsschule weitgehend bekannt und so steht ihnen an diesen Tagen der Sinn nach Vergnügen. Und wenn dann an Berufsschultagen schönes Wetter ist, leihen sich die Zwillinge Ernas knallroten Citroen 2 CV, der besser als Ente bekannt ist. Der ist zwar mit seinen 16 PS eher eine lahme Ente, aber wenn man das Stoff-Rollverdeck öffnet und die Seitenscheiben hochklappt, hat man das Gefühl, in einem Cabriolet zu fahren.

So kommt es hin und wieder vor, dass Manuel und Michael die Berufsschule schwänzen und mit zwei hübschen Mädchen, deren Lust auf die Berufsschule ebenfalls begrenzt ist, an den Plöner See oder nach Travemünde fahren und erst abends wieder zurück sind. Für alle unvergessliche Tage!

Jetzt muss aber unbedingt ein eigenes Auto her. Die Zwillinge haben seit Monaten den größten Teil ihrer Lehrlingsvergütung, die monatlich neunzig Mark netto beträgt, zurückgelegt. Auf eine Annonce im Holsteinischen Courier hin erwerben sie von einem Rentner für dreihundertfünfzig Mark einen fast zehn Jahre alten Lloyd 600. Es ist das Modell, das auf den legendären *Leukoplast-Bomber* folgte, also schon aus Blech besteht. Der Lloyd hat einen Zweizylinder-Viertaktmotor mit 19 PS und eine Dreigang-Krückstockschaltung, die nicht synchronisiert ist. Man muss beim Schalten gefühlvoll *Zwischengas* geben. Der kleine Kofferraum lässt sich von außen nicht öffnen. Man muss die Rücksitzlehne umklappen, um etwas ein- oder auszuladen. Auch wenn das Auto nur höchstens fünfundachtzig Kilometer pro Stunde erreicht - Manuel und Michael sind glücklich!

Die Zwillinge haben als Lehrlinge wegen der Abhängigkeit zu den Berufsschulferien im Sommer zeitgleich Urlaub. Im Juli wollen sie mit ihrem Lloyd erstmals ihre Schwester Ilse in Konstanz besuchen. Ilse hat im letzten Jahr geheiratet und ist zu ihrem Mann an den Bodensee gezogen. Die Fahrstrecke von Neumünster nach Konstanz beträgt fast tausend Kilometer, aber die Zwillinge haben nicht vor, zwischendurch irgendwo zu übernachten. Für einen Fahrer allein ist das bei einer geschätzten Durchschnittsgeschwindigkeit von sechzig Kilometern pro Stunde nicht zu schaffen. Also werden sich Manuel und Michael beim Fahren ablösen, obwohl Manuel noch keinen Führerschein hat! Denn perfekt Auto fahren kann Manuel schon lange.

Und so machen sie es: Wenn Manuel fährt, trägt er Michaels Führerschein und Ausweis bei sich. Wie um alles in der Welt sollte jemand bei diesen eineiigen Zwillingen den Rollentausch bemerken?

Tatsächlich wird Manuel in den Kasseler Bergen, an dessen Steigungen der voll bepackte Lloyd fast zum Stehen kommt, von der Polizei bei einer Fahrzeugkontrolle überprüft. Der Polizist gleicht sorgfältig das Führerscheinbild mit dem Gesicht des Fahrers ab und ist mit dem Ergebnis sehr zufrieden.

Die Autofahrt dauert siebzehn Stunden. Der Lloyd läuft tadellos und braucht außer Benzin und zwei Litern Öl nichts.

Die Zwillinge sind richtig stolz auf ihren *Bomber*.

*

Epilog

Die Lehrzeit ist für Manuel und Michael der letzte gemeinsame Lebensabschnitt, in dem sie noch füreinander durchs Feuer gehen können. Je mehr sie sich ihrem Ende nähert, desto wehmütiger wird den beiden ums Herz, denn sie spüren, dass bald jeder für sich allein das Leben meistern muss. Sie sprechen und lachen oft über die gemeinsamen Erinnerungen und Erlebnisse.

Ihre ersten Erinnerungen gehen zurück in das Barackenlager, als sie im Bett einander gegenüber lagen, sich nachts im Schlaf gegenseitig die Decke wegzogen, bis Mane nicht mehr wollte, dass Mitti fror. Und dann Peter, der Panther, der nachts ihre Füße wärmte und dem Hühnerstallbesitzer ein großes, weißes Huhn stibitzte.

Auch die englische Garnison mit den freundlichen, salutierenden Wachsoldaten werden sie nie vergessen. Ebenso wenig das erste Schuljahr und die Rennstrecke auf der Ehndorfer Straße, auf der sie ihren einheimischen Verfolgern immer wieder davon liefen. Die gemeinsamen Kämpfe mit der Zigurri- und der Zwitscherviertelbande haben Manuel und Michael zusammengeschweißt. Aber sie denken auch an das Glück, das sie bei Unfällen wie Manuels Augenverletzung gehabt haben.

Die Zwillinge sprechen darüber, wie schön es war, als Tandem durch die ersten zwanzig Lebensahre gegangen zu sein. Jeder

brachte seine speziellen Fähigkeiten ein, wenn Probleme gemeinsam angegangen wurden. Aber sie erkennen auch, dass das Zwillingsein nicht nur schöne Seiten hat. Es hat sie sehr empfindsam gemacht.
Das ständige Verwechseltwerden hat in ihnen die starke Sehnsucht geweckt, von anderen als eigenständige, unabhängige Persönlichkeit wahrgenommen zu werden.

So sitzen die beiden abends zusammen, hören den geliebten Dixieland-Jazz und reden stundenlang über das, was sie als eineiige Zwillinge geprägt hat. Dabei hat Michael oft gefragt: „Manuel, wie hat du nur immer gewusst, wenn ich in Gefahr war?“

Manuel hat darauf stets nur mit den Schultern gezuckt und geantwortet: „Als wir klein waren, hab' ich es ja auch immer gewusst, wenn du nachts gefroren hast.“

So ist das bei eineiigen Zwillingen eben!

Nach der Lehrzeit beginnt eine neue Epoche im Leben der Zwillinge, die einschneidende Veränderungen mit sich bringt. Aber das ist ein Kapitel für sich!

Und letztlich ist auch dies für Mane und Mitti, also Manuel und Michael, symptomatisch: Manuel wird am 29. April 1964 gemustert und erhält nach Beendigung der Lehrzeit im August 1966 die Einberufung zur Ableistung seines Wehrdienstes. Michael wird nie gemustert und erhält auch nie einen Einberufungsbescheid zur Bundeswehr. Irgendwie ist er durch alle Maschen gefallen...

Hatte ein Beamter aus beiden Wehrerfassungsunterlagen versehentlich eine gemacht? Gleiches Geburtsdatum, gleiche Anschrift, gleiches Passbild. Vielleicht hatte Manuel ja auch nur einen zweiten Vornamen: Michael!

ENDE

DeBehr

Silka von Dennewitz
Depri, Lust und wahre Liebe

Das Sexualleben einer ostdeutschen Frau

Roman, 144 Seiten
ISBN 978-3981275193

Sie gehört einer statistischen Minderheit an: Eine kinderreiche, glücklich verheirate Akademikerin erzählt von ihrem turbulenten Liebesleben und wie sie sich sonst so durchbeißt.
Die erotischste Gesellschaftskritik aller Zeiten!

Johanna Ancke
Liebe, Leid und Grenzkontrolle

Ein Franzose im Wilden Osten

Roman, 240 Seiten
ISBN 978-3981275131

Die Liebe überwindet alle Grenzen.
Der autobiografische Roman erzählt die wahre Liebesgeschichte zweier Menschen in der Zeit des Wilden Ostens - die Geschichte zweier Menschen, denen das System DDR ihre Liebe nicht zu gönnen schien und alles daran setzte, diese unerwünschte Liaison zu beenden.

Marie-Anne Jakob

Der lange Schatten der Väter

Familiensaga, 144 Seiten
ISBN: 978-3981275124

Die Kinder wollen einfach nur lieben. Aber die Familien, die Schatten der Vergangenheit, beeinflussen die Menschen mehr als diese glauben. Sie geraten in einen Strudel von Ereignissen, bis die Vergangenheit ihre Geheimnisse preisgibt...

Kathi Celany

Das Geheimnis der blauen Rose

Thriller, 194 Seiten
ISBN: 978-3981275148

Ihre Tat ist das schlimmste, was eine Frau tun kann.
So beschließt sie immer wieder, sich ihrer Strafe zu stellen – nicht einem Gericht, sondern dem Leben danach. Aber sie ist jung; zu sehr sehnt sie sich nach einem ganz normalen Leben und der Liebe. Wird diese stärker sein als die Schuld?

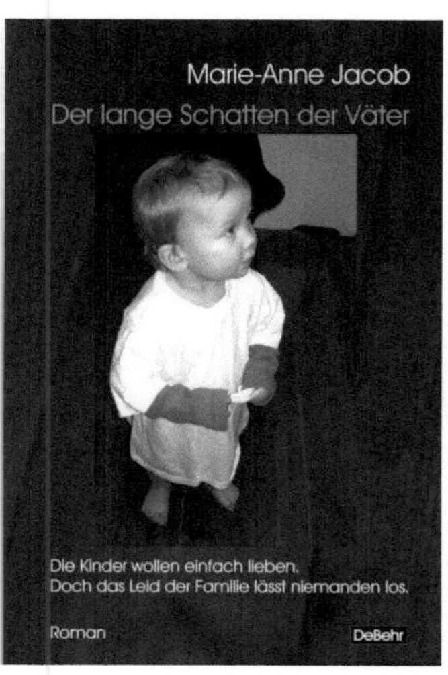

DeBehr

Peter Bornhöft
Briefe aus Adrasan

Lyrik, ca. 80 Seiten
ISBN 978-3-941758-08-7, ab Ende 2009

Die Kunst der Sprachakrobatik – wenige beherrschen sie so wie Peter Bornhöft. In seinem neuesten Werk entführt der Meister wortgewordener Phantasie in ein Land der grammatikalischen Harmonie, in einen Reigen der Buchstaben, die immer wieder zu sich finden wie Magnete, sich ausrichten und anordnen, sich trennen und einander magisch berühren. Sanft und weich ist Adrasan, ein Ort der Ruhe und doch belebt, ein Ort des Friedens und doch rege. Ein Ort geschärfter und doch entspannter Sinne, ein Ort der Lyrik, wie man seinesgleichen nicht findet.

Ines Benkenstein
Alles nur ein Märchen?

Max, ein Junge von heute unterwegs in Geschichten von gestern

Kinderbuch, ca. 90 Seiten
ISBN 978-3981275131, ab Ende 2009

Max ist ein Junge von heute. Er findet Märchen doof und ist außerdem schon viel zu alt für solchen Kinderkram. Eines Tages jedoch schenkt ihm eine geheimnisvolle Fremde eine Zauberkugel, und die zieht ihn geradewegs ins Abenteuer seines Lebens hinein. Max landet mitten im Märchenland. Und dort geht es ganz verrückt zu: Er rettet das Rotkäppchen vor dem bösen Wolf, vollbringt weitere Heldentaten. Nur: wie soll er wieder nach Hause kommen?